Ge-ni-aabadak Giniigaaniiminaang

Ge-ni-aabadak
Giniigaaniiminaang
AANJIBIMAADIZING

EDITED BY
Anton Treuer
and
Michael Sullivan Sr.

ILLUSTRATED BY
Wesley Ballinger

MINNESOTA
HISTORICAL
SOCIETY PRESS

mnhspress.org

The Minnesota Historical Society Press is a member of the Association of University Presses.

Manufactured in the United States of America

10 9 8 7 6 5 4 3 2 1

⊗ The paper used in this publication meets the minimum requirements of the American National Standard for Information Sciences—Permanence for Printed Library Materials, ANSI Z39.48-1984.

International Standard Book Number
ISBN: 978-1-68134-218-4 (paper)
ISBN: 978-1-68134-219-1 (e-book)

Library of Congress Control Number: 2021938635

Dibaajimowinan

Ge-ni-aabadak Giniigaaniiminaang

1 Odaminoo-makak

Gaa-tibaajimod **WILLIAM PREMO JR.**

Gaa-tibaajimotawaajin **NICK HANSON**

 Akawe niwii-tibaajim gaa-inaapined gwiiwizens.
Gii-ayaawag iwidi jiigayi'ii chi-oodenaang. Gii-
gikinoo'amaagoowizi iwidi chi-oodenaang. Ayaad iwidi
gii-kaagiigido aabajitood gaagiigidowin da-ganoonaad
omaamaayan naa gaye odedeyan. Weweni gii-nisidotam
gaa-ikidowaad.

Gomaapii omaamaayan ogii-kagwejimigoon, "Daga
wiidookawishin bangii, daga naadin nibi. Niwii-kiziibiiginaagane."
Wewiib gii-kwaashkwani o-nibinaadid. Weweni ogii-nisidotaan gaa-
ikidod omaamaayan. Naa gaye aaningodinong ogii-wiidookawaan
odedeyan wii-nanaa'itood odoodaabaanish naa gaye wiiji-
nagamomaad gii-nagamonid.

Endaso-giizhik gii-gikinoo'amaagozi, apane ogii-waabamaan
abinoojiinyan gaa-aabajitoonid madwewechigaans (Ipod),
naa odaminoo-makak (X-box). Mii go azhegiiwed endaad,
ogii-kagwejimaan ogitiziiman, "Daga adaawetamawishin iniw
mesawendamaan madwewechigaans miinawaa odaminoo-makak."
Mii dash gaa-izhi-nakwetaagod, "Giishpin anokiiyan nawaj
omaa, giga-adaawetamaagoo begosendaman." "Ingii-anokii omaa
apane wiidookaageyaan nibinaadiyaan naa gaye niwiidookawaa
indede nanaa'idaabaaniked," gii-ikido a'aw gwiiwizens. "Gaawiin
noongom gidayaawaasiwaanaan zhooniyaa da-aabajitooyan da-
adaawetamaagooyan," gii-ikido omaamaayan.

Baanimaa ingoding gii-piidamawaa makakoons
biinjayi'ii ogii-mikaan gaa-misawendang, aapidek ogii-
misawendaan wayaabandang i'iw gaa-misawendang. Ogii-atoon
naabitawagebizonan, ogii-pizindaan i'iw chi-mookomaani-
nagamon, naa gaye ogii-paakaakobidoon i'iw odaminoo-makakoons.
Mii sa go ishkwaa-bizindawaad ogitiziiman, mii eta go baamosed

bizindang i'iw makakoons. Aaningodinong ogii-piibaagimigoon ogitiziiman, "Daga wewiib wiidookawishin," gaawiin ogii-noondawaasiin. Mii go apane wiin eta baa-dazhi-bimosed.

Baanimaa odedeyan ogii-piibaagimigoon, "Wewiib bi-izhaan omaa, ingii-baataaninjiishin." Gaawiin ogii-noondawaasiin ikidonid odedeyan. Naa gaye ogii-piibaagimigoon omaamaayan, "Daga bi-

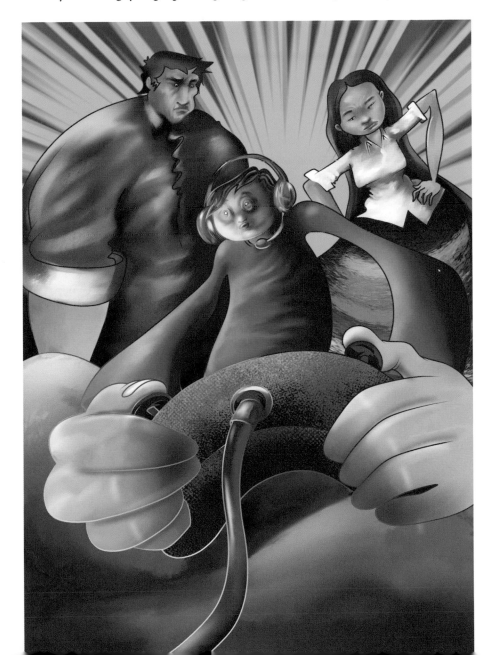

nibinaadin wewiib, niwii-chiibaakwe." Gaawiin ogii-noondawaasiin
ekidonid. Naagaj sa go gii-piindige iwidi endaawaad. Gii-apabiwag
iwidi adoopowining. Nishkaadiziwag naa gaye maanendamoog.
Gaawiin ogii-noondanziin aano-ganoonind a'aw gwiiwizens.

Ochi-maanendaan waabamaad ezhiwebizinid. Nishkaadiziwag
naa gaye maanendamowaad, gaawiin onisidotawaasiin gaa-
ikidowaad Anishinaabe akeyaa, mii gii-wanitood i'iw gaagiigidowin
naa gaye nagamonan. Mii sa go apiichi-maanendang ogii-azhe-
atoon i'iw makakoons iwidi wiikobijiganing. Gaawiin miinawaa
owii-aabajitoosiin. Mii sa go maajii-bizindawaad ogitiziiman
miinawaa. Baanimaa ogii-waabamaan zhoomiingweninid miinawaa
wiidookawaad awegodogwen waa-anokiiwaad.

Aaniin akeyaa ezhi-gikenimag a'aw gwiiwizens gaa-
inaapined, aaniish-naa mii a'aw NIIN endazhinjigaazoyaan
gii-kwiiwizensiwiyaan.

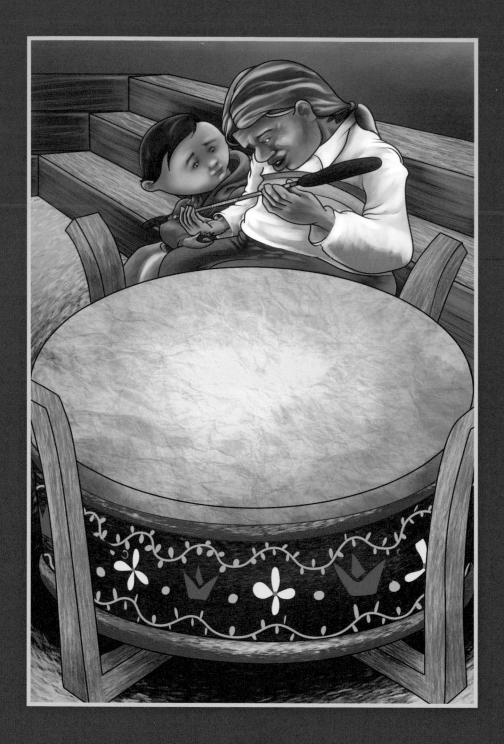

2 Manidoo-dewe'igan Aabajichigaazod

Gaa-tibaajimod **LEE STAPLES**

Gaa-tibaajimotawaajin **BRADLEY HARRINGTON**

Mii dash omaa wii-ni-dazhimag a'aw gwiiwiizens Ogimaawab gii-izhinikaazo. Gii-naano-biboonagizi. Mii gomaa gaa-tanakiid Aazhoomog ezhi-wiinjigaadeg, inow ogitiziiman gaawiin ogii-pabaamendanziinaawaa wii-o-naazikamowaad a'aw Anishinaabe anooj enakamigizid eni-biindaakoojiged. Mii dash wiin a'aw gwiiwizens a'aw Ogimaawab gii-aanoodizi wii-ni-gikendang i'iw akeyaa gaa-izhi-ina'oonwewizid a'aw Anishinaabe. Ishke dash a'aw bezhig inow owiiji'aaganan ogii-wiindamaagoon eni-aabajichigaazowaad ingiw manidoo-dewe'iganag ani-niimi'idiikewaad imaa gii-tanakamigiziwaad imaa Aazhoomog.

Ishke dash inow omishoomisan, Zhingwaak gii-izhinikaazo akiwenzii. Ishke dash a'aw Zhingwaak mii go apane gii-naazikaaged aaniin igo enakamigizinid inow Anishinaaben. Mii dash a'aw Ogimaawab gaa-izhi-inendang, "Niwii-ni-naazikawaa a'aw akiwenzii da-gikinoo'amawid ezhichiged a'aw Anishinaabe niimi'idiiked miinawaa aaniin ezhichigewaad imaa danakamigiziwaad." Mii dash inow asemaan gaa-izhi-izhiwidamawaad inow omishoomisan da-gikinoo'amaagod ezhisemagak niimi'idiiked a'aw Anishinaabe.

Mii dash iwidi gii-o-mawadisaad inow akiwenziiyan weweni gii-o-bizindawaad weweni inow akiwenziiyan. Mii dash gaa-igod,

"Giwii-wiindamoon i'iw akeyaa gaa-izhi-gagiikimigooyaan gii-kwiiwizensiwiyaan. Ingii-aangwaami'igoo bizaan imaa gaa-ni-namadabiyaan megwaa imaa endazhi-niimi'idiikewaad. Mii eta go apii ge-bazigwiiyaan giishpin wii-niimiyaan maagizhaa gaye waakaa'igaansing wii-izhaayaan. "Gego ganage baamibatooken imaa megwaa baakishing gimishoomisinaan." Ishke ingiw akiwenziiyibaneg gaa-ikidowaad, "Giishpin babaamibatood imaa eya'aansiwid miinawaa bangishing da-wenda-wiisagishin. Miinawaa mii o'ow ge-mikwendaman azhigwa ani-aabajichigaazod gimishoomisinaan miinawaa baakishing mii go imaa ishpiming besho imaa ayaawaad ingiw manidoog. Mii imaa wenjitawaawaad. Mii imaa wenjitawaawaad wenjiniketawaawaad naadamawaawaad inow Anishinaaben endanakamigizinijin imaa. Ishke dash gaa-igooyaan gii-kwiiwizensiwiyaan, 'Gida-minwaabamigoog ingiw manidoog weweni miinawaa bizaanabiyan imaa eni-izhichigewaad naami'idiikejig. Ishke imaa weweni eni-ganawaabandaman ezhichigewaad ingiw naami'idiikejig, mii iw gaye giniigaaniiming ge-ni-aabajitooyamban.'"

"Ishke dash gaye noozis gidaa-wiindamoon ge-izhichigeyan dabwaa-naazikaageyan endazhi-niimi'iding. Gidaa-aabaji'aa a'aw meshkwadoonigan gaa-kashki'ad mii i'iw apii miskodesiminag gii-maamiginadwaa imaa gii-tiba'amaagooyan da-adaaweyan a'aw gidasemaam ge-asad iwidi azhigwa ge-asemaakewaad ingiw Anishinaabeg. Ishke imaa gida-gikenimigoog ingiw manidoog gii-aabaji'ad dedebinawe a'aw meshkwadoonigan gaa-kashki'ad gii-anokiiyan. Ishke anooj da-gii-aabaji'adiban da-adaawetamaadizoyan, awashime wii-adaaweyan a'aw asemaa waa-ininamawindwaa ingiw manidoog. Mii imaa ge-onjikaamagak imaa da-zhawenimikwaa ingiw manidoog. Ishke ko nebowa a'aw Anishinaabe ani-gaagwiinawi-ondinaad inow asemaan waa-aabaji'aawaad azhigwa imaa asemaakeng. Mii dash ezhichigewaad

mii imaa baa-adaawangewaad asemaan waa-asaawaad. Gaawiin
inow manidoon ominwaabamigosiiwaan debinaak eni-
doodawaawaad. Nawaj giin giminwaabamigoo giizhaa giizhiitaayan
gii-piindiganad asemaa waa-aabaji'ad."

"Mii gaye noozis waa-wiindamoonaan geget nebowa noongom
owanishkwe'igon a'aw Anishinaabe 'waabanda'iwe-niimi'idiing'
ezhinikaadeg. Mii imaa aanind ezhichigewaad manidookewaad
imaa danakamigiziwaad. Ishke ingiw dewe'iganag imaa
ayaabajichigaazojig gaawiin manidoowaadizisiiwag maagizhaa
noomaya gii-izhichigaazowag maagizhaa gaye ingiw dewe'iganag
ayaabajichigaazojig bimaawanidiwaad madwewechigewaad ingiw
Chi-mookomaanag imaa mii ingiw ayaabajichigaazojig."

"Ishke dash ingiw dewe'iganag ayaabajichigaazojig imaa
manidoo-niimi'idiiked a'aw Anishinaabe, waasa iwidi ishkweyaang
gii-ondaadiziwag. Mii iniw Anishinaabe gaa-miinigoowizid da-ni-
apenimod imaa oniigaaniiming. Ishke dash a'aw Anishinaabe gaa-
toodawind a'aw Chi-mookomaan, ogii-aanawendaanaawaa gaa-izhi-
miinigoowizid a'aw Anishinaabe eni-izhichiged eni-biindaakoojiged.
Ishke dash ginwenzh a'aw Anishinaabe gii-kiimoojichige mii imaa
gii-kosaad inow wayaabishkiiwenijin da-maazhi-doodaagod geyaabi
ani-aabajitood i'iw akeyaa gaa-izhi-miinigoowizid."

"Ishke dash i'iw 'waabanda'iwe-niimi'idiiwin' gaa-
onjikaamaak wiin a'aw Chi-mookomaan ogii-maajiishkaatoon
da-minawaanigoshkaagod genawaabamaad inow Anishinaaben
niimi'idiinid miinawaa anooj eni-biizikamowaad. Mii imaa
wayaabishkiiwed gii-odaminwaadang a'aw Anishinaabe gaa-
miinigoowizid. Gaawiin ogii-apiitendanziin a'aw Anishinaabe
gii-miinigoowizid. Ishke dash noozis geget owanishkwe'igon nebowa
a'aw Anishinaabe eni-naazikang 'waabanda'iwe-niimi'idiiwin'
agaawaa dash imaa bi-naazikaaged a'aw Anishinaabe eni-manidoo-
niimi'idiiked. ᔑ

3 Bagwajikwezens Nitam Bizindawaad Iniw Madweyaabiigibijigenid

Gaa-tibaajimod **CAROL NICKABOINE**

Gaa-tibaajimotawaajin **MADELINE TREUER**

 Bagwajikwezens gikinoo'amawaa imaa *Nay Ah Shing* ezhinikaadeg gikinoo'amaadiiwigamig. Apane owidi gaye niimiwag omisenyan izhaawaad niimi'iding.

Naanan ingiw gwiiwizensag gii-pi-mawadishiwewag owidi, nitaawichigewag ozhitoowaad madweyaabiigibijigewaad. Mii iwidi gii-namadabiwaad waawiyeyaag. Ishpiming gikinoo'amaagewigamig imaa *St. Johns University* onjibaawag. Gakina gegoo nitaawichigewag ozhitoowaad i'iw madwewechiganikewin. Mii dash ingiw gwiiwizensag gaa-izhi-biinaawaad iniw dewe'iganan.

Mii dash gaa-izhi-nagamowaad niimi'idiwaad. Ingiw gwiiwizensag wenjibaajig ishpiming gikinoo'amaagewaad. Gaa-izhi-minwendamowaad bizindamowaad madwewechigewin. Gakina ingiw gikinoo'amaaganag namadabiwag imaa apabiwining bizindamowaad ingiw medweweg. Bagwajikwezens ogii-onishkaa'igon madwewechigewin. Mii gii-agajid da-bazigwiid da-niimid. ✒

15

4 Agindamaagowaad Ogitiziimiwaan

Gaa-tibaajimod **CAROL NICKABOINE**

Gaa-tibaajimotawaajin **MADELINE TREUER**

 Ogitiziimiwaan agindaasowan noongom owidi gikinoo'amaadiiwigamigong, Waazakone ezhinikaadeg. Ogitiziimiwaan agindaasowag *Zoons* ezhinikaadeg odabinoojiinyan. Niizhoodewag omaa ayaawag miinawaa odedeyiwaan owii-onaabandaan i'iw mazina'igan, "Ozaawaa-inini Can Moo, Giin Dash?"

Odedeyiwaan ogii-mamoon i'iw mazina'igan gaa-izhi-baapitood. Gakina awiya ogii-kanawaabamigoon. Ganabaj naa giiwanaadizi. Gaawiin ganabaj gii-mino-ayaasiin.

Mii imaa gaa-izhi-ozhaashishing onawapwaani-mashkimod. Akandamoo miinawaa bigiwizigan gii-pangisinoon onawapwaani-mashkimod. Mazina'iganan gii-paakise. Abinoojiinyag gaa-izhinoo'amowaad, "Moo!" gaa-izhi-ikidowaad. Mii dash ogii-piminizha'aanaawaa mazina'igan da-debibidoowaad. Ingiw dash ogitiziimiwaan oganawaabamigowaan. Abinoojiinyag miigaadiwag i'iw mazina'igan.

Odedeyan omakizinan gii-madwe-ipidewan ishpiming. Gakina ingiw ogitiziimiwaan ogotaanaawaa i'iw mazina'igan. Gaawiin ogikendanziinaawaa ezhimaagwak gaa-maazhishing iw chi-doodooshaaboo.

Maan gikinoo'amaagewikwe biindiged, dibi ge wiin wenjibaad

17

miinawaa owii-tebibinaan iniw ininiwan da-bangishinzinig. Mii
wiin a'aw Maan gaa-izhi-ozhaashishing. Mii ge wiin ezhi-bazigwiid
wiidookawaad iniw ininiwan da-bazigwiinid imaa. Gakina ingiw
abinoojiinyag imaa eyaajig obaapi'aawaan Maanan. Babaa-
biibaagiwag izhinoo'waawaad iniw Maanan, "Ozaawaa-ikwe!
Ozaawaa-ikwe!" ikidowag. Mii ezhi-gikendang gii-pangishing imaa
bigiwizigan.

Gaa-izhi-gwekigaabawid oganawaabamaan iniw abinoojiinyan
chi-baapinid. Nishkaadiziikaazo Maan. Owii-gwayako'aan. Wenda-
zegizi ezhinaagozid aw abinoojiinh. Gakina awiya gaa-izhi-bizaani-
ayaawaad. Ezhi-izhinoo'waad imaa odengway mii gaa-ikidod, "I Can
moo. Giin dash?" ᓭ

5 Gaa-inaajindizod Anishinaabe-odaabaanish

Gaa-tibaajimod **ELFREDA SAM**

Gaa-tibaajimotawaajin
KELLER PAAP & JADA MONTANO

Gaawiin ganabaj gwayak gigikenimisiin gaa-aawiyaan ezhinaagoziyaan gidimaagiziiwinaagoziyaan noongom. Gaawiin apane ingii-webinigoosiin wenji-ayaayaan omaa mashkosiikaag. Mii eta go ingiw aamoonsag, waawaabiganoojiinyag, naa go gaye waawaashkeshiwag bi-odishiwaad noongom.

Ingii-wiidookaaz iko gaa-oshkaya'aawiyaan gaa-paamibizoni'agwaa Anishinaabeg. Aanawi dash apane gaa-iskaakizigeshkiyaan waazakonenjiganaaboo, mii geget gaa-pabaamiwinagwaa dagoshimagwaa waa-izhaawaad. Dibi go waa-izhaawaad gii-tagoshimagwaa maagizhaa biibiiyens wii-ondaadizid, maagizhaa gaye wii-pawa'amowaad, maagizhaa gaye wii-naadaabowewaad. Giiyosewaad, bagida'waawaad, mawinzowaad, niimi'idiiwaad, ziibaaskobijigewaad, mii onow apane gaa-wiidookawagwaa Anishinaabeg.

21

Ningii-noondekizineshin gii-paa-dagoshimagwaa baa-niimi'idiiwaad Anishinaabeg. Gaawiin wiikaa ingii-paataashimaasiig.

Gaawiin igo geyaabi nibi-mawadisidisiimin ishkwaa-anokiiyaan mazinaatesijigan dagoshinoomagak ganawaabandamowaad.

Nibapagonekizine ayaayaan omaa anokiisiwaan geyaabi.
Mii eta go omaa gaa-tazhi-biboonishiyaan niibowa dasobiboon
ani-agwaawaabikishinaan.

Gaawiin geyaabi nindoonizhishisiin ani-biigoshkaayaan. Ningagiijaabishin izhi-zhaaboging mashkosiinsan imaa endazhi-bapagoneziyaan.

Aayay! Inashke izhi-goopadiziyaan noongom . . .

Awenenag ongow baadaasamosejig? Mii go niizh Anishinaabensag.
Namanj iidog ba-onji-mawadishiwaagwen?

Howa! Minwendamoog bi-mawadishiwaad!

Minawaanigoziwag booziwaad ongow. Namanj iidog enenimiwaagwen, maagizhaa giizhigoowidaabaaniwiyaan.

"Geget geyaabi gidaa-babaamiwininím
ingoji ji-dagoshiminagog waa-izhaayeg!"

Ganabaj nindinenimigoog chi-jiimaan aawiyaan wii-pabaa-
ningaasimoonowaad zhiiwitaagani-gichigamiing.

Maagizhaa gaye inenimiwaad gagwejikazhiwewidaabaaniwiyaan
NASCAR gemaa go *Daytona 500* gizhiibizowaad.

Wa! Niminwendam inaabaji'iwaad inenimiwaad, ganabaj gegoo
wii-miinagwaa. "He Anishinaabenzhishidog! Indaga nandobijigeg
ishkweyaang apabiwining wii-miininagog gegoo."

"Giganoozh na?"

"Inashke sa niin mekobidooyaan!"

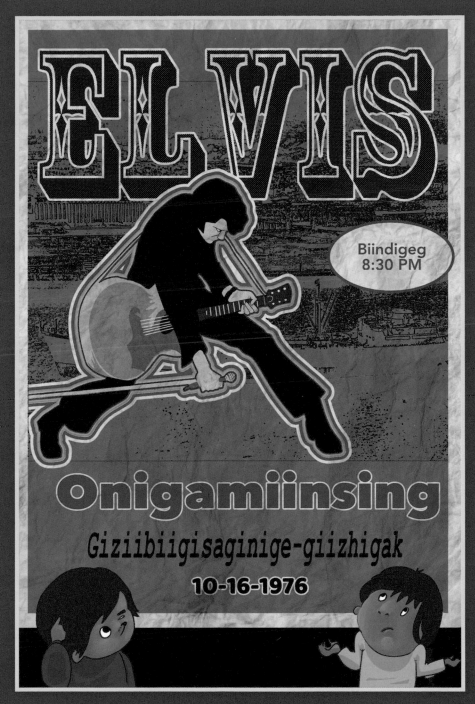

"Hay! Aayay gaawiin i'iw! Indaga nandobijigeg ishkweyaang
miinawaa aabiding!"

"He, gegoo ina gigii-izh?"

"Inashke mekobidooyaan! Awegwen igo ayaawigwen Elvis?"

"Inashke dash o'ow!"

"O'ow dash?"

"Indaga sa niin giwii-waabanda'ininim . . ."

6 Miigwanens

Gaa-tibaajimod **LEE STAPLES**
Gaa-tibaajimotawaajin **BRADLEY HARRINGTON**

 Gii-ayaa a'aw gwiiwizens Miigwanens gii-izhinikaazo.
Gii-midaaso-biboonagizi. Mii imaa gaa-tanakiid
Aazhoomog ezhi-wiinjigaadeg. Ishke dash a'aw
gwiiwizens gii-aanoodizi wii-gikendang i'iw akeyaa
Anishinaabe gaa-izhi-wiindamawind ge-izhi-bimiwidood
bimaadizid. Ishke nebowa inow gechi-aya'aawinijin ogii-
piindaakoonaan da-gikinoo'amaagod da-aabajitood oniigaaniiming.
Ishke dash mii omaa ozhibii'igaadeg gaa-izhi-gikinoo'amawind a'aw
Miigwanens. Mii imaa wii-ozhibii'amaan, i'iw maagizhaa nebowa
a'aw Anishinaabe gaawiin ogii-gikendanziin gemaa gaye
gaa-wanendamogwen.

Mii dash a'aw bezhig inow mindimooyenyan gaa-o-
biindaakoonaajin Nazhikewigaabawiikwe gii-izhinikaazowan.
Ishke dash gaa-tazhindang a'aw mindimooyenyiban mii imaa gaa-
tazhimaajin inow goonan. Ishke noongom gibi-noondawaanaan
nebowa a'aw Anishinaabe anooj inaapinemaad inow goonan wenjida
gonenzh gii-abid imaa mitakamig maagizhaa gaye moozhag
gii-soogipoomagad. Ishke dash inow mindimooyenyibanen
gaa-izhi-gikinoo'amaagod manidoowaadizi a'aw goon. Mii a'aw
manidoo ezhinikaazod Gaa-biboonike. Ishke a'aw Anishinaabe
gikendang o'ow akeyaa gaa-izhi-gikinoo'amaagoowiziyang
ayaapii odasemaakawaan inow manidoon. Gaawiin gidaa-wii-

41

inaapinemaasiwaanaan a'aw goon. Manidoo a'aw. Mii a'aw bezhig
inow manidoon gaa-wenda-apiitenimaajin a'aw gete-anishinaabe.

Mii dash gaye inow mindimooyenyan gaa-ni-naazikawaajin,
Naabaw gii-izhinikaazo. Mii a'aw mindimooyenyiban gaa-
nishkaadendang wayeshkad gii-piindigajigaadeg inow
waabigwaniinsan gaa-kiishkizhigaadegin imaa Anishinaabe
danakamigizid maajaa'iweng. Mii i'iw gaa-ikidod a'aw
mindimooyenyiban, "Aaniin i'iw gaa-onji-inigaachigaadeg inow
waabigwaniinsan gii-kiishkizhigaadeg imaa gii-piindigajigaadeg?"
Nashke a'aw Anishinaabe gaa-izhi-debweyendang gakina gegoo
imaa bimaadiziimagad bagwaj eyaamagak. Gakina imaa maajiiging
dibishkoo igo ojichaagowaan odayaawaawaan.

Ishke igo noomaya go inendaagwak a'aw Chi-mookomaan
ogii-mikaan o'ow akeyaa mewinzha gaa-maajii-gikendang a'aw
Anishinaabe. Ishke a'aw Chi-mookomaan odayaan eni-aabajitood
ani-noondang gegoo geshkitoosig wii-noondang waa-aabajitood
inow otawagan. Ishke dash a'aw Chi-mookomaan azhigwa gaa-
aabajitood i'iw da-noondang i'iw ge-gashkitoosig bemaadizid
da-noondang da-aabajitood inow otawagan. Ishke imaa ge-
bizindamowaad giishkizhigaadenig inow waabigwaniinsan gaa-izhi-
noondawaawaad gaa-kiishkizhigaazowaad. Ishke mii owapii bijiinag
gii-gikendang a'aw wayaabishkiiwed bimaadiziimagadinig imaa
mayaajiigingin omaa akiing. Ishke dash noongom maajaa'iweng
mii imaa aanishimind a'aw Anishinaabe da-biindigajigaadesinok
gaa-kiishkizhigaadegin inow waabigwaniinsan. Mii o'ow noongom
ezhichigewaad biindigadoowaad inow waabigwaniinsan geyaabi
imaa maajiiging imaa makakong endazhi-ganawenjigaadeg.

Ishke gaye mii imaa waabanjigaadeg mii go geget i'iw akeyaa
gaa-izhi-debweyendang a'aw Anishinaabe bimaadiziimagak
gakina gegoo imaa eyaamagak bagwaj. Mii i'iw akeyaa ezhi-
gikinoo'amawind a'aw Anishinaabe azhigwa gaa-wani'aad

besho enawemaajin miinawaa wesidaawendang, mii i'iw ezhi-
gikinoo'amawindwaa ingiw zayaagi-inawendaasojig bagwaj
da-izhaawaapan da-nasanaamowaad. Mii i'iw gaa-inindwaa,
"Gida-noondaagowaag ingiw manidoog imaa eyaajig bagwaj,
gida-naadamaagowaag."

Ishke gaye a'aw Anishinaabe anooj odayaan i'iw mashkiki
wenjikaamagak imaa bagwaj ge-naadamaagod aaniin igo ge-
inaapined. Ishke i'iw manidoowaadad i'iw gaa-o-maamiginang
mashkikiing. Dabwaa-bakwajibidood i'iw waa-aabajitood i'iw
mashkiki, akawe imaa weweni asemaan odasaan a'aw Anishinaabe.
Mii imaa asemaakawindwaa ingiw manidoog imaa eyaajig imaa
maajiiging. Ishke dash a'aw Anishinaabe eni-aabajitood i'iw
mashkiki maagizhaa gaye ominikwen gemaa gaye abaabaso, mii
imaa eni-biindige-wiiji-idamowaad ingiw manidoog i'iw mashkiki.
Mii ingiw ge-naadamawaajig Anishinaaben aaniin igo gc-ni-
inaapinenid. Ishke imaa eni-miinind i'iw mashkiki waa-aabajitood
a'aw Anishinaabe akawe gaye imaa weweni obiindaakoonaan
gekendang i'iw mashkiki miinawaa waa-miinigod. ☙

7 I'iw Menezid A'aw Anishinaabe

Gaa-tibaajimod **LEE STAPLES**

Gaa-tibaajimotawaajin **BRADLEY HARRINGTON**

 Mii go miinawaa wii-ni-dazhimag a'aw gwiiwizens Miigwanens ezhinikaazod. A'aw gwiiwizens ogii-wiindamaagoon bezhig inow akiwenziiyan, "Booch a'aw Anishinaabe da-ni-mikang gaa-onji-asigod omaa akiing, gakina bebezhig gigii-inendaagozimin da-ni-dazhiikamang miinawaa da-ni-giizhiikamang gaa-inendaagoziyang da-ni-izhichigeyang megwaa omaa bibizhaagiiyang omaa akiing." Mii dash i'iw Miigwanens geget gii-ni-aangwaamizi wii-mikang da-ni-dazhiikang mii go gaye wiin imaa ayaad omaa akiing. Mii dash gaa-izhi-naazikawaad inow akiwenziiyan Ogimaawab gii-izhinikaazowan. Mii dash o'ow gaa-izhi-gagwejimaad, "Wegonen danaa meneziyang anishinaabewiyang?" Gaa-izhi-nakomigod inow akiwenziiyan mii dash gaa-igod, "Gaawiin aapiji ayaasiin a'aw Anishinaabe gekendang i'iw gaagiigidowin eni-aabajichigaadeg biindaakoojiged a'aw Anishinaabe. Nebowa a'aw Anishinaabe gii-miinigoowizi i'iw akeyaa da-ni-asemaaked miinawaa bagijigan da-atood nanaandomaad inow manidoon anooj igo akeyaa da-naadamawind i'iw akeyaa ezhi-manezid." Mii dash a'aw akiwenzii gaa-izhi-wiindamaaged aanind i'iw akeyaa Anishinaabe gaa-izhi-miinigoowizid da-biindaakoojiged. Mii ko owapii gaa-niiyo-giizhigak apii gaa-ondaadizid abinoojiinh eni-biindaakoojigeng

45

imaa mii dash omaa apii oshki-daangishkang i'iw aki a'aw
abinoojiinh. Booch awiya da-gikendang i'iw gaagiigidowin eni-
aabajichigaadeg i'iw apii wegitiziimijig weweni doodawaawaad inow
oniijaanisiwaan gaa-oshki-dagoshininid miinawaa anamikawaawaad
gaye oniijaanisiwaan miigwechiwi'aawaad inow manidoon inow
oniijaanisiwaan gaa-miinigoowiziwaad."

"Mii gaye booch da-wiiyawen'enyikawind a'aw abinoojiinh. Ishke
dash gaawiin biinizikaa awiya wiindaasosiin. Booch inow manidoon
da-gii-waabanda'igod gegoo maagizhaa bawaajiganing, mii imaa
ge-ondinang da-miinaad inow abinoojiinyan odizhinikaazowin.
Ishke gaye izhichigepan endaso-giizhik odaa-aabaji'aan inow
odoopwaaganan da-ininamawaad inow manidoon inow asemaan.
Mii dash imaa gomaapii da-bi-odisigod inow manidoon da-
waabanda'igod gegoo, mii dash imaa ge-ondinang da-wiindaasod
a'aw Anishinaabe. Gaawiin biinizikaa odaa-miinaasiin inow
abinoojiinyan odizhinikaazowin. Ishke mewinzha ko gii-ayaawag
nebowa ingiw Anishinaabeg gaa-wiindaasojig gaawiin geyaabi
izhiwebasinoon. Bangiiwagiziwag noongom maagiwejig iniw
anishinaabe-izhinikaazowinan."

"Mii gaye ge-gikendangiban ezhigiizhwed awiya owapii
abinoojiinh oshki-biindiganind imaa endazhi-niimi'iding
miinawaa ani-aabajichigaazod inow gimishoomisinaan. Mii gaye
imaa ge-ondiniged a'aw abinoojiinh da-ni-naadamaagoowizid
oniigaaniiming. Ishke gaye ezhichiged a'aw Anishinaabe, mii imaa
asemaan naa wiisiniwin atood i'iw apii oshki-nitaaged abinoojiinh
maagizhaa gaye oshki-debibinaad inow giigoonyan. Mii imaa
weweni eni-biindaakoodooyang gaa-izhi-miinigoowiziyang da-
inanjigeyang anishinaabewiyang. Mii gaye imaa ge-ondiniged a'aw
abinoojiinh da-ni-wawiingezid giiwosaanaad inow awesiinyan
miinawaa da-biinaad inow giigoonyan. Ishke mii imaa ge-ondiniged
da-ni-wawaanajitood i'iw wiiyaas biinish gaye giigoonyag. Mii ko

omaa apii gii-nandomind a'aw wenda-nitaa-giiwosed miinawaa
wenda-nitaa-debibinaad inow giigoonyan. Mii imaa aazhita
da-ina'oonwewizid abinoojiinh gaye wiin ge-wenda-nitaa-
giiwosed miinawaa da-nitaa-debibinaad inow giigoonyan. Ishke
gaagiigidowin imaa ayaamagad o'ow akeyaa eni-izhi-zagaswe'iding."

"Mii go gaye a'aw Anishinaabe eni-izhichiged ayaawaad inow
oniijaanisan da-gii'igoshimonid. Ishke a'aw gwiiwizens izhichiged
o'ow akeyaa, mii iw 'makadeked' ezhi-wiinjigaadeg miinawaa a'aw
ikwezens apii gii'igoshimod mii iw 'bakaaniged' ezhi-wiinjigaadeg.
Ishke ingiw abinoojiinyag gakina imaa gii-izhiwijigaazowaad imaa
bagwaj da-gii'igoshimowaad, mii imaa owapii gii-pi-odisigowaad
inow manidoon gii-zhawenimigowaad gii-miinigoowiziwaad
da-nanaandawi'iwewaad. Ishke dash noongom mii go ezhi-
nisidawinaagwak gaawiin aapiji ayaasiin a'aw Anishinaabe
eni-doodawaad inow oniijaanisan. Gaawiin aapiji ayaasiiwag
ingiw nenaandawi'iwejig noongom. Ishke i'iw gaagiigidowin
omaa ayaamagad eni-aabajichigaadeg azhigwa eni-zagaswe'iwed
dabwaa-gii'igoshimod a'aw abinoojiinh. Mii iw ge-ayaamagak gaye
noongom."

"Mii gaye eni-izhichiged a'aw Anishinaabe inow asemaan
naa wiisiniwin miinawaa wegonen igo waa-niindaa'iwed eni-
mikwenimaad inow odinawemaaganan gaa-aanjikiinijin. Ishke
gaye gaagiigidowin bakaan izhigiizhwem eni-jiibenaaked bimi-
giizhigadinig naa gaye bakaan izhigiizhwem i'iw wiisiniwin
achigaadeg azhigwa gaa-pangishimod a'aw giizis. Mii gaye
gaagiigidowin ge-aangwaamitoopan a'aw Anishinaabe da-ni-
gikendang. Ishke ingiw gidinawemaaganinaanig gaa-aanjikiijig
ominwendaanaawaa mikwenimindwaa. Ishke a'aw Anishinaabe
ayaapii ezhichigesig i'iw akeyaa omaa bi-wiindamaagoowizi.
Mii imaa bawaanaad inow odinawemaaganan gaa-wani'aajin
misawendamowaad da-mikwenimindwaa."

"Ishke gaye imaa ani-aabajichigaazowaad ingiw manidoo-
dewe'iganag nebowa imaa gaagiigidowin imaa ayaamagad
ge-ni-aabajichigaadegiban. Owapii wenabi'ind awiya imaa da-
dibendaagozid imaa dewe'iganing, ayaamagad i'iw gaagiigidowin
eni-aabajichigaadeg ganoonind a'aw gaa-oshki-onabi'ind. Ishke
gaye imaa gaa-wawezhi'indwaa noomaya gaa-wani'aajig inow
odinawemaaganiwaan gaagiigidowin gaye imaa atemagad
ge-aabajichigaadegiban. Ishke gaye ingiw ogichidaag i'iw
apii aajimodakwewaad, booch da-gikenjigaadeg i'iw ge-ni-
dazhinjigaadeg. Booch gaye imaa da-ganoonindwaa wawezhi'injig
ge-naadamaagowaad. Mii gaye ko imaa biindigajigaadeg inow
onaaganan jiigayi'ii imaa gimishoomisinaaning achigaadeg. Mii
iw 'nanda-bimaadiziiked a'aw Anishinaabe' ezhi-wiinjigaadeg.
Mii gaye imaa azhigwa aanikoosijigeng mii imaa ge-ni-bazigwiid
imaa eni-gaagiigidod eni-apagizondang iniw bagijiganan, booch

imaa da-waawiinaad gakina iniw manidoon ge-inikaamagak iniw obagijiganiwaan. Moozhag gaye a'aw Anishinaabe eni-biindigadood i'iw eni-asemaaked miinawaa onaagan atood ge-nanaandomaad inow manidoon da-naadamaagod i'iw akeyaa ezhi-bagosenimaad."

"Mii gomaa minik ezhi-dazhinjigaadeg i'iw gaagiigidowin booch ge-ni-ayaamagak da-ni-gikendang awiya da-naadamawaad inow wiij-anishinaabeman. Gaawiin gakina imaa nidazhindanziin enakamigizid a'aw Anishinaabe. Mii imaa wenjida noongom meneziyang anishinaabewiyang."

Mii dash gaa-igod inow akiwenziiyan, "Mii imaa noozis da-wenda-naadamawad aw giwiij-anishinaabem da-ni-naadamawad. Dabwaa-maajitaayan o'ow akeyaa gidaa-aangwami'in da-ni-aabaji'ad gidoopwaagan. Mii dash imaa gida-gikenimigoog ingiw manidoog azhigwa eni-maajitaayan eni-ganoodamaageyan."

8 Iniw Ojichaagwan A'aw Anishinaabe

Gaa-tibaajimod **LEE STAPLES**

Gaa-tibaajimotawaajin **BRADLEY HARRINGTON**

Mii go omaa miinawaa wii-ni-dazhimag a'aw gwiiwizens Miigwanens. Geget gii-aanoodizi wii-ni-gikendang i'iw gaa-ina'oonwewizid a'aw Anishinaabe ge-ni-naadamaagod eni-bimaadizid. Ishke dash mii imaa gii-paa-mawadisaad inow gechi-aya'aawinijin da-gikinoo'amaagod i'iw gaa-izhi-miinigoowizid a'aw Anishinaabe. Ishke dash bezhig gaa-naazikawaajin Maajiik gii-izhinikaazo a'aw mindimooyenh. Mii i'iw gaa-tazhindang a'aw mindimooyenh a'aw biinjina bimiwinaad gakina a'aw Anishinaabe inow 'ojichaagwan' ezhi-wiinjigaazonid. Ishke bezhig a'aw akiwenziiyiban Niibaa-giizhig gii-izhinikaazo. Mii imaa gii-ozhibii'igaazod eni-dazhimaad inow Anishinaabe inow ojichaagwan. Ishke dash a'aw akiwenziiyiban ogii-tibaajimaan inow manidoon imaa babaa-ayaanid imaa ishpiming. Ishke dash a'aw abinoojiinh azhigwa gii-ondaadizid biinjina imaa bimiwinigod omaamaayan, mii iwapii ani-biindigeshkaagod a'aw abinoojiinh inow manidoon. Mii dash imaa gii-ayaanid inow ojichaagwan a'aw abinoojiinh. Mii iw gaa-inaajimod a'aw akiwenziiyiban.

Ishke dash a'aw Anishinaabe inow ojichaagwan anishinaabewiwan gaye. Ishke dash inow ojichaagwan anishinaabewinid, mii iw mesawendang gakina a'aw Anishinaabe gaa-izhi-miinigoowizid. Ishke a'aw Anishinaabe ani-gikendang i'iw

51

gidinwewininaan, geget igo ominokaagoon biinjina bimiwinang.
Ishke gaye ani-naazikang a'aw Anishinaabe gaa-izhi-miinigoowizid
da-biindaakoojiged naa gaye anooj akeyaa gaa-izhi-miinigoowizid
danakamigizid mii go gakina a'aw Anishinaabe gaa-izhi-
miinigoowizid eni-bimiwidood mii imaa weweni eni-doodawaad
biinjina bemiwinaajin. Aaniish-naa anishinaabewiwan ojichaagwan.
Ishke i'iw akeyaa eni-izhichiged odani-naadamaagon biinjina
a'aw Anishinaabe zakab imaa biinjina eni-izhi-ayaad gegoo
menezing da-ni-izhiwebizisiin. Ishke dash a'aw Anishinaabe ani-
aanawendang gaa-izhi-miinigoowiziyang mii imaa nishwanaadizid
imaa biinjina geget a'aw miigwanaadizi imaa biinjina gaye. Mii
go dibishkoo biinjina wiisagendang ojichaagong mii dash imaa
ani-nandawaabandang ge-minokaagod mii dash imaa apii a'aw
Anishinaabe ani-aanoodizid wii-minikwed enigaa'igooyang
miinawaa i'iw eni-aabajitood nebowa a'aw Anishinaabe i'iw
nesigod.

Ishke dash megwaa imaa eni-bibizhaagiid omaa akiing, weweni
a'aw Anishinaabe da-ni-doodawaad inow ojichaagwan. Mii i'iw
wenjida da-ni-dazhiikang miinawaa da-ni-giizhiikang gaa-onji-
asigod inow manidoon omaa akiing. Mii dash gaye mindimooyenh
gii-ni-dazhindang i'iw maajaa'ind a'aw Anishinaabe azhigwa
gegoo eni-izhiwebizid. Ishke dash imaa a'aw Anishinaabe azhigwa
gaa-kwiinawaabaminaagozid omaa akiing mii inow ojichaagwan
eni-aanjikiinid. Ishke dash imaa eni-maajaa'ind a'aw Anishinaabe,
mii imaa wenda-naadamaagoowizinid inow ojichaagwan eni-
wiindamawind eni-waawaabandang azhigwa eni-naazikaaged imaa
miikanens gaa-izhitamawind a'aw Anishinaabe da-bima'adood
biinish iwidi da-ni-dagoshimoonod wenda-onaajiwang gaa-
miinigoowizid a'aw Anishinaabe gegoo izhiwebizid.

Ishke dash a'aw Anishinaabe mii imaa eni-naadamaagod inow
ojichaagwan megwaa imaa bimaadizid. Ishke imaa mindimooyenh

gaa-ikidod, "Aaningodinong giwiindamaagoowizimin maagizhaa
i'iw ingoji da-izhaasiwang gemaa gaye gegoo da-wiiji'aasiwang da-
naazikawaasiwang giwiiji-bimaadiziiminaan biinish gaye gegoo da-
ni-izhichigesiwang gegoo. Mii inow ojichaagwan a'aw Anishinaabe
genoonigojin." ➻

9 Maan Maamiginang Waawanoon

Gaa-tibaajimod **CAROL NICKABOINE**

Gaa-tibaajimotawaajin **MADELINE TREUER**

 Mii wapii Maan naano-biboonagizid wiin miinawaa omaamaayan gii-taawag owidi odedeyan miinawaa ookomisan endaanid. Gaawiin gii-minwendanziin owidi gikinoo'amawind wapii omaamaayan endaso-giizhik anokiinid. Ogagwejimaan ko omaamaayan da-gagwejimaanid odedeyan nawaj da-nibaad. Aabiding gigizheb omaamaayan gii-kagwedwe da-izhiwinaawaad Maan owidi endazhi-gikinoo'amawind noongom. "Enya. Indaa-izhichige," ikido a'aw odedeyiwaan. Mii dash Maan da-nibaad nawaj.

Mii goshkozid Maan, mii iwidi jiibaakwewigamigong izhaad. Mii da-dazhitaad anishinaabe-manoomin. Mii imaa ezhi-ziiginang doodooshaaboo omaa odoonaaganing. Gaawiin gii-nazikwe'osiin, miinawaa obiizikaan nibewayaan, miniingwaan imaa oshkiinzhigoon. Miinawaa zikowin atemagad imaa odaamikanaang.

Mii gaa-izhi-ozhitood nibaagan imaa michisag gii-kanawaabandang mezinaateseg. Odaabajitoon waabowayaanan miinawaa apishimonan, bineshiinh ezhinaagozid imaa bineshiinh-wadiswan. Odedeyiwaan gaa-izhi-biindiged imaa abiwining. Ezhi-gagwejimaad ikwezensan da-wiijiiwigod wii-maamiginamowaad iniw baaka'aakwenh-waawanoon. Gitimi Maan. Ikido, "Mii eta go niwii-kanawaabandaan mezinaateseg."

55

"Gidaa-diba'amoon da-wiidookawiyan da-maamiginamaan iniw baaka'aakwenh-waawanoon."

Ezhi-atood i'iw odoonaagaans imaa adoopowining. Ezhi-bazigwiid ezhi-maaminonendang ekidod aw akiwenzii. Jiichiigii imaa oshtigwaaning. Obakite'aan omaa odooning odaabajitoon oninjiins. "Ahaw. Gidaa-wiidookoon da-maamiginaman iniw waawanoon ezhi-diba'amawiyan."

Mii dash owidi agwajiing ezhi-bimosewaad owidi ezhinikaadeg ataasoowigamigong. Ishkweyaang imaa ataasoowigamigong mii minjikanaakobijigaadeg da-ginjiba'iwesigwaa. Mii dagwaaging azhigwa mandaamin giizhigid. Odakonaan ataasowin miinawaa odedeyiwaan nawaj michaamagad makak. Mii ezhi-biindigewaad imaa ataasoowigamigong. Mii dash owidi ezhaawaad imaa baaka'aakwenyag ayaawaad.

Ominwendaan maamiginang waawanoon, asigisijigem dibishkoo. Maan da-nandobijige dabazhish mashkosiw miinawaa aniibiishibagoon. Mii ezhi-ikonaazhikawaad iniw baaka'aakwenyan imaa endazhi-wadiswanikenid ezhi-maamiginang iniw waawanoon dabazhish.

Ingiw baaka'aakwenyag gaa-izhi-ozhitoowaad ozaawaa miinawaa ozhaawashkwaa enaandegin waawaanoon. Aaniind iniw waawanoon ozhaawashkwaa ozaawi-gidagaag. Ominwendaan mikang iniw ozhaawashkwaag enaandegin. Mooshkinadoowaad omakakoon ezhi-giiwewaad.

Azhigwa naawakweg odedeyiwaan owii-gikinoo'amawaan ezhichigaadeg wii-chiibaakwaadang iniw ozhaawashko-waawanoon. Mii azhigwa giizhideg iniw waawanoon. Mii dash waa-izhi-miijiwaad gaye bakwezhigan zhizhoobii'ang doodooshaaboo-bimide. Mii ishkwaa-wiisiniwaad Maan ogagwejimaan odedeyiwaan, "Aandi nizhooniyaam waa-tiba'amawid?" Odedeyiwaan oganawaabamaan ikidod, "Mii go geget giin noozhishenh gidaaw." Mii iw. ⬿

10 Mazina'igani- zhimaaganishag

Gaa-tibaajimod **CAROL NICKABOINE**

Gaa-tibaajimotawaajin **MADELINE TREUER**

 Aabiding Maan gii-ayabi gaa-izhi-ganawaabandamowaad odedeyan mazinaatesijigan. Omaamaayan gii-pi-giiwewan gaa-ishkwaa-anokiinid. Ogii-noondaanaawaa wii-nichiiwak agwajiing. Wii-gichi-zoogipon, mii ekidoomagak gaagiigidoo-makak. "Gaawiin indinendanziin awiya da-maazhichiged noongom ezhiwebak," ikidowan omaamaayan.

Ominwendaan bi-dagoshininid omaamaayan. Mii ezhi-debibidood i'iw okonaas apagidang ingoji. Mii gaa-izhi-biinaad omaamaayan ezhi-gichi-giishkijiinaad. Omaamaayan ogagwejimigoon, "Awegonen waa-izhichigeyang noongom?" "Gegoo niwii-ozhitoon miinawaa agwajiing niwii-tazhitaa." Omaamaayan ikidowan, "Aaniin wenji-izhaayan agwajiing? Wenda-niiskaadad agwajiing. Geyaabi gidedeyinaan nibaa." Odedeyan nibaawan imaa apabiwining jiigayi'ii imaa mazinaatesijiganing.

"Daanis, awegonen waa-piizikamang da-zaaga'amang?" Maan ikido, "Niwiiwakwaan, minjikaawanag, giizhoo-makizinan, niwiiinindibepizon, nimbabiinzikawaagan, miinawaa ningiboodiyegwaazon. Niin indaa-ozhiitaa'idiz." Ozhiitaa'idizo Maan. Ogagwejimaan omaamaayan, "Gidinendam ina baashkizigan da-biidooyang?" Omaamaayan ikidowan, "Indinendam apane ganawaabandaman i'iw mazinaateseg."

61

Mii agwajiing gaa-izhi-izhaawaad, owii-mikaanaawaa i'iw wewebizon ateg anaamayi'ii imaa goon. "Nimaamaa, mii azhigwa da-nagamoyang," omaamaayan wanimaad. Mii ge wiin ezhi-dazhitaad, "Ahaaw. Indaa-bima'amaaz."

Obawaagone'aan wewebizon. Mii ezhi-wewebizowaad
nagamowaad i'iw nagamowin. Omaamaayan agindaasowan
nising, mii dash azhigwa gaa-izhi-gwaashkwanodamowaad imaa
ishpaagonagaag. Mii eta go ezhi-waabamind Maan zaagising i'iw
owiiwakwan miinawaa ojaanzh.

Mii dash niizh gaa-izhi-baapiwaad chi-enigok, mii gaa-izhi-mawiwaad. Maan ezhi-bazigwiid gakina goonan badagwana'ogod. Omaamaayan obawaagone'waan. "Gidaa-minikwemin na ozaawi-doodooshaaboo gezhaagamideg?" ogagwejimaan omaamaayan. "Geget gidaa-minikwemin. Akawe idash . . ."

Mii gaa-izhi-apaginaad Maan imaa goonikaag. Mii miinawaa gaa-izhi-baapiwaad gaa-izhi-mawiwaad miinawaa. Omaamaayan ikidowan, "Niwii-shiginaa imaa ningiboodiyegwaazon!" Maan gaa-izhi-ikidod, "Gaye niin ingii-izhichige i'iw!" "Mii da-mashkawaakwajid gigiboodiyegwaazon! Hay' naanabem!" Mii imaa gaa-izhi-mashkawaakozid gii-niibawid. Badagwana'igaazo Maan. Ogiboodiyegwaazonan mashkawaakwajiwan.

Onishkaanid odedeyan gaa-izhi-biinaad akikoon, wenda-gizhaagamide iw nibi. Mii gaa-izhi-ziiginang imaa mitakamig jiigayi'ii ozidan. Gaa-izhi-dakonaad anaaminik. Geyaabi ogiboodiyegwaazonan mashkawaakwajiwan Maan. Mashkawaakwaji Maan. Ezhi-agoonaad imaa jiigayi'ii ishkwaandeming. Ningizo imaa jiigayi'ii gizhaabikiziganing. Omaamaayan ozhitood iw minikwewaad ozaawi-doodooshaaboo gezhaagamideg. Mii azhigwa Maan agoozid imaa agoojiganaabikoons. Maan ikido, "Daga izhiwizhishin imaa nibewigamigong!" Odedeyan owiidookaagoon da-niisaandawed. Mii ezhi-izhaad owidi da-aanzikang i'iw nibewayaan.

Mii dash azhigwa Maan aabawizid gii-piizikang i'iw nibewayaan. Mii ezhi-namadabid jiigayi'ii imaa adoopowining. Mii dash ezhi-minikwewaad ozaawi-doodooshaaboo gezhaagamideg. Omaamaayan ikidowan, "Mii azhigwa da-aanzikonayeyang da-izhinaagoziyang ogimaakwezensag. Dibishkoo ingiw naamijig iwidi niimi'iding."

Omaamaayan azhigwa ona'isidoon miinawaa gishkizhang

i'iw mazina'igan. Mii ezhi-aabajitoowaad i'iw ekawising. Mii ezhi-ozhibii'amowaad wiinawaa dibishkoo ogimaakwezensag naamiwaad.

Giizhiitaawaad owii-waabanda'aawaan odedeyan gaa-ozhitoowaad. Mii azhigwa goshkozid imaa gii-nibaad imaa ginwaako-apabiwining. Ezhi-baakiiginamowaad mazina'igan wii-waabanda'aawaad odedeyan mazina'igani-mazinichiganan. Maan omiinaan wenda-gichi-onishishing mazina'igani-zhimaaganishan.

11 Maan

Gaa-tibaajimod **CAROL NICKABOINE**
Gaa-tibaajimotawaajin **MADELINE TREUER**

 Gikinoo'amaagewikwe Maan izhinikaazo. Gakina ingiw abinoojiinyag ezhinikaanaawaad "Maan." Gakina gegoo Maan mazinibii'ige imaa mazina'iganing. Ishkwaa-anokiid mii azhigwa wii-kiiwed. Akawe Maan owii-maajiishkaa'aan odoodaabaanan.

Mii dash gegoo gaa-izhi-wanendang imaa biindig endazhi-anokiid. Gaa-izhi-biindiged miinawaa. Ogii-wanendaanan omazina'iganan waa-miskobii'angin.

Gaa-izhi-inendang awiya wii-kimoodimigod odoodaabaanan, geyaabi madwebizo agwajiing. Mii ezhi-mamood iniw mazina'iganan agwajiing ishkwaademing zaaga'ang. Gaawiin ogii-paakakonanziin iw ishkwaandem mii go gaa-izhi-zhaabobatood. Mazinishin imaa ishkwaandeming i'iw wiiyaw.

Gii-inendam awiya wii-kimoodimigod odoodaabaanan. Mii ezhi-inaabandang iniw dekonang mazina'iganan. Mii dash gii-shooshkobizod niigaan imaa odaabaaning. Mii gaa-izhi-baakaakonang ishkwaandem. Mii gaa-izhi-debibinaad iniw nemadabinid imaa biinjidaabaan. Gaa-izhi-wiikobinaad iniw gimoodishkiiwininiwan apaginaad imaa mitakamig.

Omaa obakite'waan okaakiganaang gaa-izhi-izhinoo'ogod oninjiin. Mii ezhi-gezikwendang anishaa inaabandang. Mii dash imaa ezhi-waabamaad imaa odoodaabaanan abinid. Ezhi-gwekigaabawid gaa-izhi-waabandang mazina'iganan gaa-pimising imaa miikanensing. Mii dash gaa-izhi-boozid odoodaabaaning gii-tagoshing imaa endaad. Odakawaabamigoon odayan imaa jiigayi'ii waasechiganing.

Mii dash gaa-izhi-nibaad gaa-ishkwaa-wiisinid. Mii geyaabi o'ow minjimendang gaa-izhiwebizid noongom. Gii-pawaajige geyaabi biizikang i'iw minisinoowayaan. ❧

69

12 Bizindan

Gaa-tibaajimod **WILLIAM PREMO JR.**

Gaa-tibaajimotawaajin **NICK HANSON**

 Mii sa go indaa-dibaajim gaa-inaapined bezhig aw gwiiwizens. Gaawiin owii-pizindawaasiin iniw chi-ayaa'aan, apane omaa izhichiged, apane giiwanimod, apane gaawiin owii-pizindawaasiin awiya gii-ayaanid iwidi chi-oodenaang. Ganabaj iwidi Gakaabikaang. Mii sa go apane iwidi agwajiing baa-dazhitaad. Anooj izhichige. Ganabaj naaningodinong gii-izhaa iwidi adaawewigamigong, ganabaj gii-kimoodishki naa gaye gii-izhaa iwidi gikinoo'amaadiiwigamig.

Gaawiin owii-pizindawaasiin iniw gaa-anokiinijin iwidi gikinoo'amaagewininiwan. Naaningodinong sa go odedeyan naa gaye omaamaayan ogii-agazomigoon, "Gego miinawaa izhichigesiin ingoji go gegoo giga-inaapine." Mii sa go ogii-noondaan omishoomisan wii-aabaji'aad gwiiwizensan. "Gidaa-wiidookaagoo iwidi endaad iwidi waasa giiwedinong." Ganabaj wii-aakoziwan ookomisan. Awegodogwen gaa-aakozid, gaawiin ogii-gikendanziin. Baanimaa sa go ogii-izhiwinigoon iwidi waasa endaanid omishoomisan, ogii-misawendaan iwidi izhaad mawadisaad omishoomisan gii-misawendang iwidi agwajiing dazhitaad.

Naaningodinong sa go gii-paa-dazhitaa iwidi megwekobiing naa gaye iwidi zaaga'igaans gii-wewebanaabii. Gaawiin iwidi megwekobiing gii-maazhichigesiin gegoo. Naaningodinong sa go omishoomisan ogii-wiijiiwaan iwidi megwekobiing, manisewag iwidi. Ogii-aabajitoon iwidi waagaakwad izhitood misan. Mii

sa go gii-ayaawag iwidi waakaa'iganing. Naaningodinong ogii-
piidoon i'iw misan waa-aabajitoowaad da-jiibaakwewaad. Mii sa go
naaningodinong iwidi waa-paa-dazhitaad megwekobiing.

Ogii-waabandaan indigo mii awiya gii-mazhii'iged gii-izhitood
miikanens mewinzha. Miinawaa baa-dazhitaad, mii azhegiiwed
iwidi gaawiin geyaabi gii-atemagasinoon gaa-waabandang. Mii sa
go ingoji izhaad iwidi baa-dazhi-bimosed miinawaa naasaab ogii-
waabandaan i'iw miikanaang gwayak ezhinaagwadinig mewinzha sa
go awiya ogii-izhitoon gii-inendam.

Mii sa go i'iw owii-wiidookawaan omishoomisan gegaa biboong
gii-ayaa iwidi. Mii sa go ingoding sa go ogii-wiidoopamaan iwidi
adoopowining. Mii sa go ogii-kagwejimaan omishoomisan gaa-
waabandang iwidi megwekob, naaningodinong gaa-tazhitaad
iwidi megwekob. Negwaabid ogii-waabandaan indigo mii awiya
ogii-izhitoon miikana gwayak ingoji ogii-izhitoonaawaan, gii-
mazhii'igewag mewinzha. Mii sa go azhe-inaabid iwidi, gaawiin gii-
atemagasinoon i'iw miikana naa gaye naaningodinong anooj izhaad
mii sa go gwiinawaabandang miinawaa i'iw gwayako-miikana.

"Awiya na ogii-izhitoonaawaa i'iw miikana mewinzha?" ogii-
kagwejimaan omishoomisan ezhi-waabamaad gwiiwizens ekidod
i'iw. Baanimaa ogii-kanoonaan gwiiwizensan, "Aaniish akeyaa?"
Ogii-waabandaan i'iw miikana gaa-atoowaagwen mewinzha
maagizhaa ingiw gaa-kiishka'aakwewaad gii-waabandang i'iw
miikanens gaa-aabajitoowaad. Mii go gaa-ikidowaad wiisiniwaad
imaa adoopowining.

Mii sa go gaawiin babaamenimaasiin gaa-ikidod a'aw
gwiiwizens. Mii sa go ogii-waniiken i'iw gaa-ikidod. Mii sa go baa-
dazhitaad megwekob naa ge naadinised wiidookaaged iwidi. Mii sa
go ingoding gii-izhaa waasa iwidi megwekobiing. Mii sa go miinawaa
ogii-waabandaan miinawaa i'iw gwayako-miikana, "Gaawiin niwii-
izhaasiin iwidi," gii-inendam. Gii-azhegiiwe endaad, ogii-izhi-

gagwejimaan, "Daga, daga mishoomis bi-izhaan. Niwii-izhinoo'aan gaa-waabandamaan i'iw miikana." "Gaawiin, gaawiin niwii-izhaasiin iwidi," ikido akiwenzii. "Onzaam indayekoz bimoseyaan imaa megwekobiing." "Ahaw."

Miinawaa gii-izhaad iwidi wii-wewebanaabiid, wii-azhegiiwed iwidi wewebanaabiid i'iw giigoonh gaa-kojitood. Ezhi-waabandang i'iw miinawaa miikana naa gaye ogii-waabamaan waawaashkeshiwan gii-niibawinid iwidi. Mii sa go gwayak iwidi miikana gii-izhaa waawaashkeshi. Miish igo ogii-waabamaan ezhaanid iwidi waawaashkeshiwan ogii-noopinakawe'aan waawaashkeshiwan. Mii sa go maada'adoowaad i'iw miikanaang, mii sa go wii-azhegiiwe iwidi endaanid omishoomisan, gaawiin ogii-mikanziin waa-izhi-azhegiiwed.

Gii-ayabi iwidi adoopowining akiwenzii nawagikwebid imaa inendam ezhinaagozid. Niizho-giizik oganawaabamaan gwiiwizensan, gaawiin azhegiiwesiin. Niibowa agwajiing gii-niibawiwag dakoniwewininiwag. Gii-izhaawag megwekobiing gaawiin ogii-mikawaasiwaawaan gwiiwizensan. Bezhig ogimaa-dakoniwewinini ogii-piibaagimaan akiwenziiyan. Ezhi-bazigwiid ezhaad iwidi agwajiing. Ogii-kagwejimigoon dakoniwewiwiniwan, "Ingii-mikaamin ezhi-bimikawed gwiiwizens. Gwayak iwidi zhaawanong iwidi gii-pimose. Ganabaj waawaashkeshiwan ogii-waabamaan."

Baanimaa sa go gaawiin miinawaa gii-mikawaasiiwag waawaashkeshi miinawaa gwiiwizens, mii go apaneban. Akiwenzii ezhi-waabamaad iniw Chi-mookomaanan. "Mii sa go ganabaj gaawiin giga-mikawaasiin gwiiwizens. Ingii-gikendaan gii-izhaad apane wiindamawid gii-waabandang iniw miikanensan. Gaawiin gii-pizindanziin gaa-ikidoyaan, 'Gego izhaaken iwidi miikanaang,' ingii-wiindamawaa." "Aaniin dash?" gii-ikido a'aw Chi-mookomaan. Ginwenzh ogii-waabamaan. Baanimaa sa go gii-ikido, "Gaawiin awiya ogii-mikawaasiin iniw gwiiwizensan." Ogii-maada'adoon i'iw manidoowi-miikana. Gaawiin wiikaa da-azhegiiwesiin. ᕗ

13 Gizhibaabines Gii-naazikaaged Aabajichigaazonid Iniw Manidoo-dewe'iganan

Gaa-tibaajimod **LEE STAPLES**

Gaa-tibaajimotawaajin **MIIGIS GONZALEZ**

 Mii i'iw noongom wii-aabajichigaazowaad ingiw manidoo-dewe'iganag. Mii dash a'aw Gizhibaabines miinawaa inow odinawemaaganan gii-ozhiitaawaad wii-naazikaagewaad iwidi waa-tanakamigak.

Inow omaamaayan imaa jiibaakwewigamigong gii-ayaanid gii-ozisidood i'iw wiisiniwin iwidi waa-izhiwidood. Mii imaa ozisidood i'iw onaagan waa-piindigadood iwidi endazhi-niimi'iding. Mii iwidi wii-atamawind inow omisenyan Makoons wii-ni-naadamaagewaad iniw Manidoon da-wiidookaagod a'aw ikwezens besho enendaagwadinig wii-o-waabamaad inow mashkikiiwininiwan.

Mii dash a'aw Gizhibaabines azhigwa gaa-izhi-gagwejimaad inow omaamaayan, "Gidaa-naadamoon ina?" Mii iw gaa-izhi-nakwetaagod, "Geget igo. Gidaa-naadamaw. Gidaa-giziibiiginaanan inow miinan miinaawaa gidaa-giishkizhaanan inow editegin waa-atooyaan imaa onaaganing. Gaawiin memwech chi-nebowa i'iw wiisiniwin gidaa-atoosiimin. Ishke waasa izhaamagad bangii igo i'iw wiisiniwin ininamawaad inow Manidoon a'aw Anishinaabe."

Geget ogii-minwendaan a'aw Gizhibaabines naadamawaad

inow omaamaayan miinawaa biinish igaye naadamawaad inow
omisenyan.

Dabwaa-ni-maajaawaad, mii go gakina gii-nanda-
waabandamowaad inow enaajiwaninig biizikiiginan waa-
piizikamowaad. Mii inow omaamaayan biinish inow omisenyan
gaa-izhi-biizikamowaad inow ogoodaasiwaan gii-agwa'igaazonid
inow zenibaanh miinawaa igaye wiin miinawaa odedeyan gaa-
izhi-biizikamowaad inow babagiwayaanan imaa zenibaanh
gii-agwa'igaazonid igaye. Megwaa imaa inow odedeyan weweni
gii-nazikwe'igod megwaa imaa okaadenigod inow wiinizisan,
gaa-izhi-wiindamaagod inow odedeyan, "Mii iw wenji-biizikamang
wenda-onaajiwang, giga-wii-minwaabamigonaanig ingiw Manidoog
weweni gii-ozhiitaayang ani-naazikamang gaa-izhi-miinigoowizid
a'aw Anishinaabe da-apenimod."

Azhigwa gaa-oditamowaad i'iw niimi'idiiwigamig mii imaa
weweni gii-piindigadoowaad i'iw onaagan waa-atoowaad biinish
igaye gii-mikamowaad iwidi wii-o-wawenabiwaad.

Azhigwa a'aw Gizhibaabines imaa gii-piindiged imaa
niimi'idiiwigamigong, gaa-izhi-waabamaad inow owiiji'aaganan
biinish igaye inow oniitaawisensan. Mii i'iw gaa-izhi-gagwejimaad
inow omaamaayan, "Indaa-wiidabimaag ina ingiw niwiiji'aaganag?"
Gaa-izhi-nakwetaagod inow omaamaayan, "Gidaa-wiidabimaag
ingiw gwiiwizensag, booch sa wiin igo imaa da-wii-pizaanabiyan.
Gego imaa anooj izhichigeken. Gego ganage babaamibatooken imaa
biindig endanakamigak, giishpin imaa bangishinan megwaa imaa
baamibatooyan baakishinowaad ingiw gimishoomisinaanig, gidaa-
wenda-wiisagishin imaa bangishinan. Akawe sa wiin igo igaye gidaa-
o-boozhoowi'aa a'aw giiyawen'enh dabwaa-naazikawadwaa ingiw
gwiiwizensag," mii igaye inow omaamaayan gaa-igod.

Mii dash a'aw Gizhibaabines gegaa go gaa-izhi-maajiibatood
ezhi-minawaanigozid. Mii inow omaamaayan gaa-izhi-

inigaawebinigod, gii-wiindamaagod, "Weweni omaa bimosen, gego maajiibatooken," ogii-igoon.

Mii dash a'aw Gizhibaabines mii gaa-izhi-naazikawaad inow wiiyawen'enyan akawe. Mii dash i'iw gaa-igod inow wiiyawen'enyan, "Geget niminwendaan imaa waabaminaan miinawaa wewiiyawen'enyiminaan omaa bi-dagoshimoonoyan. Ishke dash giwii-wiindamoon, wewiiyawen'enyiminaan, mii i'iw akeyaa gaa-izhi-gikinoo'amaagooyaan gii-kwiiwizensiwiyaan imaa gii-pi-naazikamaan Anishinaabe ani-niimi'idiiked. Mii eta go apii ge-bazigwiiyan, giishpin i'iw waakaa'igaansing wii-izhaayan maagizhaa igaye da-niimiyan. Bizaan imaa nanaamadabin ingii-igoo. Ishke giga-waabamigoog ingiw manidoog eyaajig imaa ani-niimi'idiiked a'aw Anishinaabe. Ishke imaa baakishimindwaa ingiw gimishoomisinaanig mii imaa ishpiming ayaawaad ingiw manidoog mii imaa wenzaabamaawaad wenjitawaawaad inow Anishinaaben imaa niimi'idiikenid. Ishke dash ingiw manidoog giga-zhawenimigoog, wewiiyawen'enyiminaan, imaa bizaan nanaamadabiyan miinawaa bazigwiiyan ani-niimiyan igaye. Ishke wewiiyawen'enyiminaan, ganawaabanjigeyan ezhichiged a'aw Anishinaabe ani-niimi'idiiked ingoding go da-ni-aabajitood."

Mii a'aw Gizhibaabines gaa-izhi-nakwetawaad inow akiwenziiyan, "Ahaw miigwech gikinoo'amawiyan niiyawen'enh." Mii dash i'iw gaa-izhi-bazigwiid gii-o-wiidabimaad inow owiiji'aaganan.

Azhigwa gakina ingiw ogichidaakweg gaa-piindaakoojigewaad, mii dash a'aw Gizhibaabines inow omaamaayan gaa-izhi-naazikaagod gii-pi-wiindamaagod, "Mii dash i'iw igaye giinawind da-asemaakeyang." Megwaa imaa ani-naazikawaawaad inow gimishoomisinaanin asemaan wii-asaawaad iwidi asemaa-makakoonsing, megwaa iwidi ani-bimi-ayaawaad mii imaa gii-ni-zagininjiinaawaad iniw debendaagozinijin imaa dewe'iganing, miinawaa ingiw nenaamadabijig ani-apiichitaawaad ani-izhaawaad iwidi asemaan wii-asaawaad inow makakoonsing.

Mii dash igaye inow omaamaayan gaa-izhi-izhichigenid, asemaan gii-o-miinaad a'aw Gizhibaabines inow wiiyawen'enyan waa-kanoodamaaged a'aw akiwenzii i'iw onaagan waa-atamawind waa-achigaadenig inow omisenyan.

Mii dash ingiw ininiwag gii-ozisidoowaad i'iw wiisiniwin imaa agijayi'ii inow anaakanan gaa-achigaadeg miinawaa imaa gaa-tazhwegisijigaadegin imaa michisagong. Mii imaa niibawid a'aw Gizhibaabines ani-waabandang i'iw wiisiniwin imaa echigaadeg mii imaa giizhaa gii-onaabandang waa-miijid azhigwa maajii-wiisining. Aanawi igo inow omaamaayan gii-ashamigod dabwaa-bi-maajaawaad, mii go miinawaa gaa-izhi-bakadeshkaagod waabandang gakina i'iw wiisiniwin.

Ishke dash a'aw gaa-kanoodamaaged, mii imaa gakina i'iw wiisiniwin imaa etemagadinig ezhi-apagizondamawaad inow manidoon. Azhigwa gaa-ni-giizhiitaad, mii dash imaa apii gii-tazhindang i'iw wiisiniwin gaa-piindigajigaadenig a'aw Makoons da-naadamaagoowizid ani-wiindamaaged enaginjigaadeg i'iw wiisiniwin gaa-piindigadamawind a'aw Makoons. Azhigwa gaa-ni-giizhiitaad ani-gaagiigidod a'aw akiwenzii, mii dash i'iw nitam gaa-naazikamowaad i'iw onaagan gaa-piindigadamawind a'aw Makoons. Mii imaa gakina ani-niibidegaabawiwaad wii-ni-naabishkaagewaad dash i'iw wiisiniwin imaa onaaganing gaa-achigaadeg. Azhigwa gaa-kiizhiitaawaad naabishkaagewaad i'iw wiisiniwin imaa gaa-atemagak imaa Makoons odoonaaganing, mii dash imaa gakina ani-wiindamawindwaa eyaajig da-naabishkaagewaad gakina i'iw wiisiniwin imaa gaa-achigaadeg. Howa, mii i'iw enendang a'aw Gizhibaabines, "Mii iw azhigwa igaye niin da-mamooyaan i'iw wiisiniwin ge-miijiyaan." Mii iw gaa-izhi-aanishimigod inow omaamaayan mii dash i'iw gaa-igod, "Akawe ingiw waasa wenjiijig

miinawaa ingiw gechi-aya'aawijig wiinitamawaa da-wiisiniwag.
Akawe imaa baabii'on ningoz. Azhigwa gaa-mamoowaad waa-
miijiwaad mii dash i'iw giinitam da-mamooyan waa-miijiyan."

Mii dash a'aw Gizhibaabines gaa-izhi-mikwenimaad inow
wiiyawen'enyan iniw akiwenziiyan wii-o-gwaaba'amawaad ge-
miijinid onzaam akiwenziiwiwan inow wiiyawen'enyan dabazhish
imaa da-nawetaanid da-kwaaba'igenid. Geget gii-minozekwewag
gaa-piindigadoojig i'iw wiisiniwin. Geget gii-wawiingeziwag
gaa-chiibaakwejig gaa-piindigadoojig i'iw wiisiniwin. Mii
dash imaa Gizhibaabines gii-gwaaba'ang i'iw wiisiniwin gaa-
inendang iniw akiwenziiyan da-minwendaminid. Mii imaa gaa-
izhi-gwaaba'amawaad inow wewaagaagi-naboob miinawaa i'iw
maashkinoozhewiwiiyaas begishkiboodeg miinawaa a'aw ogaa. Mii
gaye gaa-izhi-atamawaad i'iw waawaashkeshiwi-wiiyaas biinish gaye
a'aw zaasakokwaan miinawaa manoomin. Mii dash gaye gaa-izhi-
mikang inow miinan miinawaa miskominag gii-kwaaba'amawaad
biinish gaye aniibiish. Geget ogii-minwendaan inow wiiyawen'enyan
izhi-mino-doodaagod a'aw Gizhibaabines.

Azhigwa a'aw Gizhibaabines gaa-mamood waa-miijid iwidi gii-o-
wiidabimaad inow oniitawisensan wii-o-wiidoopamaad. Gii-wenda-
bakadedogenan inow owiiji'aaganan wenda-bangitoonid imaa
megwaa wiisiniwaad. Mii dash bezhig inow oshiimeyan gaawiin
gii-pizaanabisiiwan imaa megwaa wiisininid. Mii i'iw gaa-izhi-
bananjiged i'iw wiisiniwin imaa gii-pangising imaa michisagong.
Mii dash gaa-izhi-ganoonigowaad inow onoshenyan, mii dash i'iw
gaa-igowaad, "I'iw wiisiniwin gaa-achigaadeg omaa noongom, mii
i'iw eninamawindwaa ingiw manidoog, gidaa-manaajitoonaawaa.
Gego imaa michisagong da-wii-pangisinzinoon." Mii imaa gii-
anoonaawaad inow akiwenziiyan da-gaagiizitaagozinid imaa da-
zhawendaagozid a'aw ikwezens aanawi igo imaa gii-pangisidood
i'iw wiisiniwin imaa michisagong. Mii dash i'iw gaabige a'aw

Gizhibaabines weweni gii-na'abid gegoo dash imaa da-bananjigesig miinawaa igaye da-ni-naniibikimaasiwind.

Azhigwa gakina awiya gaa-kiizhi-wiisiniwaad, mii imaa gakina gii-pazigwiiwaad gii-piinichigewaad da-ni-ozhiitaawaad azhigwa wii-niiming. Mii dash a'aw bezhig abiigizigewinini gaa-izhi-maada'ookiid inow baaga'akokwaanan gii-ininamawaad inow waa-nagamonijin. Mii dash a'aw Gizhibaabines gaa-izhi-gaaskanazootawaad inow omaamaayan, "Niwii-wiikwajitoon da-gikendamaan inow nagamonan, ingoding dash da-naadamaageyaan da-nagamoyaan gaye niin." Mii dash i'iw gaa-izhi-zhoomiingwetaagod inow omaamaayan.

Mii dash a'aw apii a'aw Gizhibaabines miinawaa inow odedeyan gaa-izhi-biizikamowaad inow obashkwegino-makiziniwaan miinawaa gii-dakobidoowaad inow zhinawa'oojiganan waa-piizikamowaad igaye. Azhigwa gaa-maajii'amaazowaad inow nagamonan ge-niimikamowaajin, mii dash inow odedeyan, gaa-izhi-igod, "Enigok niimin Gizhibaabines, weweni dash imaa a'aw gimisenh Makoons da-naadamaagod inow manidoon i'iw akeyaa ezhi-bagosenimaad."

Azhigwa waa-kiizhikamigak, geget a'aw Gizhibaabines gii-abwezo. Mii go imaa booch gii-tanizid naadamaaged imaa ani-biinichigaadeg i'iw niimi'idiiwigamig dabwaa-ni-giiwebizowaad. Mii dash inow omaamaayan gaa-igod, "Ahaw mii sa naa da-ni-giiweyang da-o-nibaayang. Waabang da-bi-azhe-giiweyang miinawaa." Geget a'aw Gizhibaabines ogii-minwendaan azhigwa gii-ani-gikendang geyaabi i'iw niizho-giizhik da-danakamigiziwaad omaa.

Azhigwa ani-giiwebizowaad mii inow odedeyan gaa-izhi-wiindamaagod wii-pi-azhegiiwenid, ani-gigizhebaawagadinig dabwaa-mookiid a'aw giizis. Mii dash i'iw gaa-izhi-wiindamaagod, "Mii i'iw apii ingiw niimi'iwewininiwag bi-dagoshinowaad imaa niimi'idiiwigamigong nagamowaad dash iniw niiwin iniw

zhiibiniketaage-nagamonan anamikawind weweni a'aw manidoo
a'aw giizis dabwaa-mookiid. Mii ko gaye iniw nagamonan
eni-aabajichigaadegin azhigwa ani-giizhi-niimi'idiwaad imaa
Odaawaa-zaaga'iganiing. Mii dash a'aw apii a'aw Anishinaabe
wawiinge'oonwewizid gaa-izhi-bagosenimaad inow manidoon
gii-pagijiged inow odasemaan i'iw wiisiniwin miinawaa inow
waabooyaanan naa meshkwadooniganan esaawaad azhigwa
okosijigewaad."

Mii gaye imaa gii-wiindamaagod, "Giwaabandaan ezhi-
manaaji'aawaad inow gimishoomisinaanin. Ishke ingiw
niimi'iwewininiwag gaawiin imaa bazigwiisiiwag baanimaa a'aw
gimishoomisinaan miinawaa iniw baaga'akokwaanan miinawaa iniw
okaadan naa gaye i'iw asemaawi-makakoons gii-na'inigaadeg, mii
dash bijiinag bazigwiiwaad. Mii go gaye imaa akina eyaajig imaa
niimi'idiiwigamigong bizaan imaa nanaamadabiwaad baanimaa
a'aw gimishoomisinaan gii-na'inigaazod.

Mii dash i'iw gaa-izhi-apagadingwashid megwaa imaa ani-
bimibizowaad ani-giiwebizowaad. Mii iw. ⬧⟩

14 Nitaawichigewag Ingiw Ikwezensag

Gaa-tibaajimod **JAMES MITCHELL**

Gaa-tibaajimotawaajin **DUSTIN BURNETTE**

 Nimikwenimaag omaa ongow abinoojiinyag imaa Misi-zaaga'iganing gikinoo'amaagoziwaad gaa-izhi-izhiwinangidwaa iwidi iskigamiziganing. Mii zhigwa da-gikinoo'amawindwaa ge-izhichigewaad maamiginamowaad i'iw misan naa giishkiga'igewaad imaa misan wii-ayaamowaad.

Mii sa omaa da-ani-agoodoowaad iniw negwaakwaanan sa iwidi waabanong akeyaa da-agoodoowaad iniw akikoon. Mii dash imaa gabe-giizhig imaa daa-niibawiwaad imaa manisewaad aawadoowaad i'iw misan. Omaa danaapi'agwaa omaa ongow ikwezensag gii-chi-nitaa-anokiiwag wiinawaa. Ingiw gwiiwizensag bagandiziwag igo bangii.

Mii dash imaa aabiding bi-biidawindwaa iniw naawapwaanan, miish imaa gaa-izhi-aanawendamowaad, "Ahaw waabang giga-jiibaakwemin omaa endazhi-iskigamizigeyang." "Ahaw," indinaag. Mii dash akina ingiw ikwezensag gaa-izhi-jiibaakwewaad imaa iskigamiziganing. Mii imaa gikinoo'amawindwaa sa iniw akikoon, naa iniw negwaakwaanan naa waabanda'agwaa sa go naa ge wiinawaa ge-izhichigewaad da-ozhitoowaad iniw negwaakwaanan.

Maajiibizoyaang owidi jiigikana ani-dagoshinaang iwidi, endazhi-niimi'idiing owidi mikamowaad iniw mitigoonsan

maamiginamowaad ge wiinawaa azhigwa ani-ozhitoowaad iniw
negwaakwaanan. Bi-azhe-giiwewidoowaad, mii imaa megwayaak
omaa iskigamiziganing imaa dazhitaawaad.

Mii sa maamiginamowaad sa gii-kiizhiikamowaad i'iw, gii-
poodawewaad imaa, akina awiya akawe gaa-izhi-mikwendamowaad
daa-boodawewaad akeyaa, aanind gaawiin gii-nitaawichigesiiwag.

Mii sa imaa iskigamiziganing ani-giizhideg imaa ani-
maamiginamowaad omaa atoowaad, "Ahaw ani-maajii-biboonagak
miinawaa giga-maamiinaanaanig inigw chi-aya'aag o'ow gaa-
ozhitooyaang noongom i'iw zhiiwaagamizigan."

Imaa go gabe-giizhig imaa indayaamin imaa dazhitaawaad
giizhiikamowaad o'ow minik maagizhaa ge niimidana daso-
diba'oobaan ogii-kashkitoonaawaa gii-aawadoowaad. Mii
omaa giizhidemagak mii ko imaa niizho-minikwaajigan
imaa gii-ozhitoowaad, "Wa, mii go gii-minochigeyang. Mii go
baanimaa waabang giga-bi-azhegiiwemin mii go miinawaa
ge-ni-izhichigeyang."

Gii-paapi'agwaa ingiw gwiiwizensag imaa aanzaabanda'igowaad
iniw ikwezensan minik ezhi-gashkitoowaad da-aawadoowaad
i'iw misan. Aa, aapidek ge mino-akwaamagak iniw misan imaa
aawadoowaad ingiw ikwewag. Mii dash igo gwiiwizensag miinawaa
gii-gitimishkiwag igo bangii. Gaawiin aapiji go izhichigesiiwag.
Miish igo ingiw ikwezensag sa go imaa ondaasamibidoowaad i'iw
misan gii-maamiginamowaad. "Ahaw waabang iniw niibowa giga-
aabajitoomin i'iw sa jiibaakweyang miinawaa."

Mii zhigwa imaa ani-nandawaabandamowaad iniw
aninaatigoon, imaa biiminigan aabajitoowaad agoodoowaad
imaa negwaakwaanan. Maagizhaa ishkwaa-aabajitoowaad i'iw
biiminigan, miish miinawaa omaa dagoshing bezhig i'iw waa-
agoodood iniw negwaakwaanan. Miish miinawaa giizhi-agoodood
imaa dagoshing miinawaa bezhig iniw biiwaabikoonsan waa-

atood ji-onjigaamagak i'iw ziinzibaakwadaaboo ji-maajigaamagak
debibidoowaad imaa biiwaabikoonsing.

Mii iw ingodwaaswi ingiw, ashi-niizhiwag ingiw mii go neniizh
bimosewaad, bezhig a'aw gwiiwizens dazhi-biiminiged dash
a'aw ikwezens agoodood iniw negwaakwaanan. Miish akeyaa
neniizhiwag. Naanimidana owii-kiizhiikaanaawaan iniw mitigoon
imaa da-agoodeg iniw biiwaabikoonsan.

Mii dash mamaajisewaad, mii ongow gwiiwizensag gii-
aabajitoowaad iniw biiminiganan mii dash ingiw ikwezensag
ishkweyaangewag ongow ani-agoodoowaad iniw negwaakwaanan.
Mii go zhigwa imaa naanimidana iniw mitigoon giizhiikamowaad.
Zhigwa waa-anwebiwaad miinawaa dazhi-wiisiniwaad miinawaa
awaswaabang miinawaa maajitaayaang, "Aa, ninga-jiibaakwemin
noongom, niinawind niwii-chiibaakwemin," ikidowag ingiw
ikwezensag. "Miish iw gwiiwizensag giinawaa gidaa-aawadoonaawaa
i'iw ziinzibaakwadaaboo." Miish gii-abiwaad imaa gii-ishkwaa-
aawadoowaad ingiw gwiiwizensag i'iw ziinzibaakwadaaboo, zhigwa
ishkwaa-jiibaakwewaad ingiw ikwezensag.

Oshki-dagoshinowaad iwidi iskigamiziganing zhigwa
omaa boodawewaad wayiiba omaa ziigwebinamowaad o'ow
ziinzibaakwadaaboo wii-chiibaakwaadamowaad. Mii imaa
danidemagak i'iw ziinzibaakwadaaboo imaa waa-kiizhiikamowaad
iniw maamiginamowaad waabang.

Azhigwa ani-onaagoshig waa-azhegiiweyaang owidi
gikinoo'amaadiiwigamigong akawe aawadoowaad
ziinzibaakwadaaboo. Aanind ingiw omaamaayiwaan naa
obaabaayiwaan bi-izhiwinaawaad iniw abinoojiinyan da-
gikinawaabiwaad iniw ezhichigewaad. ✎

15 Asabikeshiinh Gii-wiidookawaad Iniw Anishinaaben

Gaa-tibaajimod **JAMES MITCHELL**

Gaa-tibaajimotawaajin **DUSTIN BURNETTE**

Ganabj ingii-midaaso-biboonagiz gii-tebibidood iw mazina'igan nimaamaa gagwejimigod iniw ikwewan da-bi-mawadishiwed, gagwejimaad, "Mii na a'aw gigozis netaa-aadizooked? Niwii-kaganoonaanaan." "Ahaw sa go," nimaamaa wiindamawaad. "Gaa-miskwaawaakokaag giga-izhaamin waabang. Giga-o-mawadishiwemin. Giwii-waawiindamawaa a'aw mindimooyenh onow aadizookaanan ganabaj." "Ahaw."

Zhigwa bi-waabang ani-booziyaang imaa mashkodewidaabaaning maajiibizoyaang iwidi Gaa-miskwaawaakokaag, niwii-izhaamin o-mawadishiweyaang. Mii sa iwidi dagoshinaang zhigwa ani-biindigeyaang owidi Chi-ikwezens endaad. Mii sa zhigwa bi-dagoshinowaad ge aanind ingiw ikwewag, akina wii-mawadisidiwaad.

Zhigwa eni-dibikak, "Ahaw, ambe akawe wiisinidaa dabwaa-gawishimoyaang." Miish akina awiya gaa-izhi-apishimonikewaad zhigwa imaa daa-nibaayaang. Niswi maagizhaa gaye niiwin ingiw abinoojiinyag ge wiinawaa imaa ayaawag. Niswi ge ikwewag, ingiw chi-aya'aag, "Ahaw indaa-waawiindamaage gaye niin, miinawaa aadizookaanan inga-wiindamawaag ongow abinoojiinyag." Mii sa gaa-kaagiigidowaad, chi-ginwenzh igo imaa gaagiigidowag

dadibaajimowaad iniw aadizookaanan babizindawagwaa gaye
niin, gaa-izhi-noondawag a'aw Chi-ikwezens, "Mii na gii-nibaawaad
ingiw abinoojiinyag?" "Enyanh'." "Aandish aw gigozis? Gii-nibaa na
ge wiin?" "Gaawiin."

"Ahaw, mii a'aw niwii-kaganoonaa, niwii-wiindamawaa o'ow
akeyaa asab gaa-izhi-miinigooyaang." "Ahaw." Mii zhigwa omaa
gagwejimigooyaan da-bizindawag izhi-maadaajimod.

Mii a'aw asabikeshiinh gaa-izhi-waabamaad iniw Anishinaaben
akina dananaandamowaad. "Aaniish akeyaa ge-izhi-
wiidookawagwaa asab?"

"Ahaw." Zhigwa mawadisaad iniw mindimooyenyan, "Giga-
wiindamaagoo akeyaa ge-ozhitooyan i'iw asab, o'ow ge-aabajitooyan
da-wiisiniyeg, giga-gagwe-wiidookaagoom. Niizh maagizhaa gaye
niswi asiniig gidaa-maamiginaawaag naa ge wiigobaatig gidaa-
bapakonaawaa ge. Mii o'ow iwidi daa-ozhitooyeg iw gidasabiimiwaa
naa ge ow giizhikaandag aabajitooyeg imaa, gwanaajiwang gidaa-
ozhitoonaawaa. Mii o'ow akeyaa ezhi-inikodamowaad."

Mii sa asabikeshiinh gii-wiindamawaad akeyaa ge akina, "Gidaa-
maamiginaanaawaa ge-aayaabajitoowaad." Zhigwa wiindamawaad,
"Maagizhaa gaye niishtana-ashi-niizhozid gidaa-giizhiikaanaawaa
o'ow gidasabiimiwaa naa maagizhaa ge niiyozid apiitaamagad."
"Ahaw," ikidowan wiijikweyan.

"Mii sa eni-giizhiikameg o'ow, giga-o-bagida'waamin go
waa-nanda-gikendameg akeyaa naa ishkwaa-bagida'waayeg
giga-wiindamaagoom akeyaa ge-izhi-ganawendameg o'ow
gidasabiimiwaa."

Gaa-izhi-waabanda'aad ge akeyaa ge da-baaswaawaad iniw
ogiigoonyimiwaan, wiindamawaad iniw mindimoonyenyan
akeyaa ge-izhi-baaswaawaad iniw ogiigoonyimiwaan, "Daa-ni-
ataasoyeg da-debisemagak o'ow da-ni-ishkonameg gegoo. Mii go
ge giga-wiindamaagoom ingiw giigoonyag akeyaa ezhi-aamiwaad

bebakaan naa go apii ge-ni-aamiwaad. Miish giizhiitaayeg imaa, giga-wiindamaagoom akeyaa ge-izhi-ganawendameg o'ow gidasabiimiwaa," ikido a'aw asabikeshiinh.

Mii sa go ani-giizhiikamowaad odasabiimiwaa, "Ahaw, gidaa-o-bagida'waam." Gaa-o-izhi-bagida'waawaad ingiw ikwewag. Wayaahay' zhigwa waabaninig ogii-naanaawaan aaniish aapidek minik imaa giigoonyan eyaawaawaad. Miish igo akina imaa maawanji'idiwaad da-ininamaadiwaad iniw giigoonyan, chi-dedebisiniiwaad. "Mii akeyaa ezhichigeyeg," ikido a'aw asabikeshiinh. "Naa giga-wiindamooninim akeyaa ezhi-ganawendameg gidasabiimiwaa."

Ahaw, mii dash a'aw mindimooyenh wiindamawid, "Mii wenji-wiindamoonaan o'ow akeyaa gaa-izhiwebak, gaa-izhi-wiidookaagooyang a'aw asabikeshiinh. Miish sa ongow oshkiniigikweg noongom gaawiin aapiji bizindanziiwag. Mii go ingoding ge wiinawaa da-nanaandodamowaad giishpin bizindaagoosiwang. Mii wenji-wiindamaagooyan. Mii akeyaa gaye giin ge-izhi-wiidookaageyan da-wiindamawadwaa awiya." 🦋

16 Gaa-zhawenjigaazojig: Makoons

Gaa-tibaajimod **LEONARD MOOSE**

Gaa-tibaajimotawaajin **ANTON TREUER**

Gwiiwizens gii-shingishing ji-nibaad, mii go ani-bawaajiged, mii iw gaa-inaabandang. Mii dash goshkozid, gii-piibaagid, abwezod.

Ogii-pi-naazikaagoon gaa-shawenimigod omishoomisan, "Aaniin danaa ezhiwebiziyan?" "Ingii-pawaanaa makwa gaa-izhinaagoziyaan."

"Giishpin wii-ayaaman iw wayaabandaman bawaajigeyan, gidaa-aabaji'aa asemaa miinawaa wiisiniwin, bagijigan igaye. Mii dash iw da-gii'igoshimoyan.

Wiigiwaamens gidaa-ozhitoon da-namadabiyan biindig. Gidaa-atoon akakanzhe giskatigong."

"Aaniish ge-izhichigeyaambaan ji-wiidookawag a'aw gaa-bakite'igaazod miinawaa ji-wanendamowaad iw gaa-izhichigewaad maji-gwiiwizensag, miinawaa ji-zagininjiinidiwaad?"

"Ishkwaataag! Gego izhichigekegon! Maanaadad iw izhichigeyeg miigaazoyeg."

"Giwii-wiidookawaa na?"

"Gaawiin."

Baanimaa ani-onaagoshi-wiisiniwaad . . .

"Gii-pawaajigeyaan gii-aanji-izhinaagoziyaan makwa gaa-izhinaagoziyaan." "Enh. Nimikwendaan."

"Indaa-gashkitoon ina ji-izhichigeyaan gaa-inaabandamaan?"

91

"Enh. Ishkweyaang anooj igo gegoo gii-miinigoowiziwag
Anishinaabeg ji-izhichigewaad. Noongom dash gaawiin awiya
ogikendanziin gaa-shawendaagozid awegodogwen gaa-pawaadang
Anishinaabe.

Giishpin wii-ayaaman, giin igo."

Gii-naanaagadawendam Gwiiwizens gaa-izhi-bimosed. "Giwii-
miigaaz ina?" "Gaawiin."

"Giga-bakite'on gosha!"

Gii-piidwewebizo odaabaan.

"RAAAAAAAAAA. . . ."

"Gigii-waabamaawaa na a'aw makwa? Gii-seginaagozi."

"Mooshoom. Aaniindi gaa-onjibaayan chi-wayiiba?"

"Gigii-waabamin gegaa gii-miigaanigooyan gwiiwizensag
gegiibaadizijig. Gaawiin giin gigii-waabamaasiin odaabaan gaa-
piijibizod. Mii dash iw apii gaa-naazikoonaan gii-tebibininaan. Mii
dash iw apii gii-kaanjwebininaan."

"Aandi a'aw makwa gaa-waabamag?"

"Niin makwa indaaw. Gigii-pimaaji'in."

"Mii azhigwa, Mooshoom, naanaagadawendamaan i'iw da-
gii'igoshimoyaan da-naazikamaan iw bawaajigan."

"Ahaaw."

Mii iw apii gaa-wiindamawaad gegoo da-izhichigenid
gii'igoshimonid.

Gaa-ishkwaa-gii'igoshimod, gii-minwendam gwiiwizens.

"Makoons indizhinikaanigoog. Gego izhichigekegon!"

Aabanaabinid maji-gwiiwizensan, mii eta go gaa-
waabamaawaad niibawinid gichi-manidoo-makwan. Miinawaa gii-
initamowaad, "RAAAAAAAAAAA."

Gaa-izhi-ginjiba'iwewaad.

Gaa-izhi-aanizhiitamowaad wii-miigaanaawaad Makoonsan.
Mii aw gaa-shawendaagozid. ☙

17 Gaa-zhawenjigaazojig: Bebaamaashid

Gaa-tibaajimod **LEONARD MOOSE**
Gaa-tibaajimotawaajin **ANTON TREUER**

 Gichi-mewinzha dabwaa-aazhogaamed Chi-
mookomaan omaa akiing, Anishinaabe ogii-kashkitoon
anooj igo gegoo da-izhichiged. Ogii-wiij'ayaawaan
manidoon. Ogii-kashkitoonaawaa ji-babaamaashiwaad
ishpiming. Gii-mino-bimaadiziwag Anishinaabeg iwapii. Dibishkoo
akeyaa gaa-izhinaagwak giizhigong gii-izhinaagwad akiing.

Mii iw apii gaa-tagoshinowaad wayaabishkiiwejig, gii-
maajaawag manidoog. Ogii-waabandaanaawaa niigaan
gaa-onji-gikendamowaad waa-izhiwebadinig. Gaawiin ogii-
minwendanziinaawaa gaa-waabandamowaad iw miigaadiwin
waa-izhiwebadinig.

Mii dash iwapii gii-maazhisemagad. Niibowa dash gegoo gii-
makamindwaa Anishinaabeg miinawaa gii-nisindwaa niibowa.
Aapiji gii-sanagad.

Noongom dash baataniinowag ingiw bemaadizijig
nishwanaajitoowaad gidakiiminaan. Wanishinoog niibowa. Geyaabi
dash ayaawag aaniind gekendamowaad gegoo gaa-miinigoowizinid
Anishinaaben wayeshkad. Mii o'ow dibaajimowin Anangookwe.

Gii-ayaaban ikwezens gaa-kagwaadagi'igod gegoo endaad.
Ogii-waabandaan yo'ow maazhisewin, ishkodewaaboo miinawaa
anooj igo gegoo. Gii-naganaa apane gii-maanaabajitoonid gegoo
mayaanaadak nawaj epiitizinijin iw minikwewin.

93

Ani-onaagoshig gii-pawaadang, "Ningaabii'anong izhaan! Mii imaa da-nagishkawad mindimooyenh. Giishpin izhichigesiwan giga-maazhise."

Ogikendaan wii-ani-maajaad.

Gii-segizi gaa-ani-bimosed, baabige dash gaa-waabandang waaginogaan imaa jiigibiig zaaga'igaansing.

"Awiya na abi?" "Biindigen. Ginwenzh gibaabi'in omaa. Bi-wiidabimishin. Namadabin omaa. Wiindamawishin gaa-pi-onji-izhaayan."

"Inginjiba'aag mayaazhichigejig. Ingii-pawaadaan giwiigiwaam wenji-bi-izhaayaan." "Ingii-wiindamaagoog manidoog wii-pi-izhaayan."

Gaa-izhi-zaka'waad odoopwaaganan. "Manidoowi na wa'aw mindimooyenh?"

"Gigikendaan ina ayaayan? Giwiidabimaa manidoo. Gego zegiziken! Giga-wiidookoon."

"Omaa zaaga'igaansing ayaamagad minisens. Mii imaa wii-namadabiyan niiyogon."

Niiyogon gii-nazhikebi imaa minisensing. Gaawiin dash gii-nazhike-ayaasiin niiyogonagadinig.

"Weweni ganawendan o'ow gaa-miinigoowiziyan." Gii-maajaased, babaamaashid anooj igo gii-ipizo.

"Gegoo indaa-izhichige ji-nanaa'itooyaan o'ow."

Mii aw gaa-shawendaagozid.

Geyaabi niigaan da-dibaadode. 🐾

18 Gaa-zhawenjigaazojig: Nibiiwinini

Gaa-tibaajimod **LEONARD MOOSE**

Gaa-tibaajimotawaajin **ANTON TREUER**

 Aabiding gii-ayaawag Anishinaabeg. Aakoziwin gii-
pimi-ayaamagad, ogii-nisigon niibowa bemaadizijig.
A'aw bezhig mashkikiiwinini gii-ayaa. Gii-
chaagaaboojise mashkiki. Mii dash a'aw chi-ogimaa
gaa-izhi-nandomaad akina awiya da-bi-izhaawaad zagaswe'idiwaad.
Ogii-kaganoonaan akina awiya ba-izhaanid. "Awegodogwen
ge-izhichigeyangiban?"

Gaa-izhi-nandomindwaa oshkaabewisag. Miziwe bebakaan
ishkoniganan gii-izhaawag, bezhig da-izhaa iwidi waabanong, bezhig
imaa zhaawanong, geyaabi bezhig imaa ningaabii'anong, miinawaa
bezhig imaa giiwedinong.

Ginwenzh gii-paabii'owag Anishinaabeg, geyaabi
gagwaadagitoowaad.

Nibiiwinini gii-pawaajige. "Nimaamaa?" Mii azhigwa
biidwewidamoog manidoog, mii ganabaj ow akeyaa da-waabandang
nibi wenzikaamagak da-wiidookawindwaa bemaadizijig
da-nanaandawi'indwaa.

"Nibiiwinini, ambe omaa!" "Mii o'ow gaa-pawaadamaan."

"Ganabaj niwii-azhegiiwe. Naazikaw awedi mindimooyenh
gaa-shawenimigod manidoon, da-aabajitood madoodiswan
wiidookawaad Anishinaaben."

97

"Gego maajaaken nimaamaa, akawe niwii-mawadisaa."

"Gidaa-wiidookaw ina?"

"Awegodogwen?"

"Aakozi nimaamaa. Ingii-pawaadaan aakoziwin miinawaa nibi gii-siiga'andawindwaa Anishinaabeg. Mii akeyaa gaa-nanaandawi'indwaa Anishinaabeg ayaakozijig."

"Ahaaw. Giga-biindiganin omaa madoodiswan."

Gii-kizhaabikiziwaad asiniig, gii-piindigewag. "Gigii-pizindoon gaa-tibaajimotawad a'aw mindimooyenh i'iw gaa-pawaadaman. Niin dash giga-wiidookoon, Nibiiwinini. Gaye niin Nibiiwinini indizhinikaanigoo."

"Niiyawe'enh?" "Geget!"

"Ingikendaan i'iw da-izhichigeyaambaan da-wiidookawagwaa niwiiji-anishinaabemag. Miigwech."

"Miigwech. Mii azhigwa mino-ayaayaan. Anokiimagad."

Mii aw gaa-shawendaagozid. Geyaabi niigaan da-dibaadode. ✺

19 Gii-moonendang Anishinaabewid Tommy

Gaa-tibaajimod **LEE STAPLES**
Gaa-tibaajimotawaajin **CHATO GONZALEZ**

 Mii imaa wii-ni-dibaajimoyaan a'aw gwiiwizens Tommy gii-izhinikaazo. Aanawi go gii-anishinaabewi, bakaan igo ingoji Chi-mookomaanan ogii-wiij'ayaawaan. Mii inow omaamaayan gaa-izhiwinigod iwidi akeyaa Chi-mookomaanag endanakiiwaad. Betty gii-izhinikaazowan inow omaamaayan. Aanawi go odedeyan gii-anishinaabewiwan, gaawiin Betty gii-anishinaabewisiin. Gii-chi-mookomaanikwewi.

Bishigwaadendaagoziwan inow omaamaayan chi-mookomaanikwewinid, gaawiin dash gii-tanakiisiin wiin imaa megwe-anishinaabe-oodenawensing. Gaawiin gwech weweni inow omaamaayan ogii-gikenimaasiin Tommy odedeyan gaa-izhi-bimaadizinid anishinaabewinid. Gaawiin igo ogii-wiij'ayaawaasiin inow Tommy inow odedeyan a'aw Betty apii dash gaa-ondaadizid a'aw Tommy. Mii eta gii-wiipendiwaad apii gii-minikwewaad. Ishke dash a'aw Betty ogii-wenda-minwaabamaan Tommy inow odedeyan gii-minikwewaad. Azhigwa gaa-aatebiid a'aw Betty ogii-wenda-maanaadenimaan. Melvin gii-izhinikaazowan odedeyan a'aw Tommy.

Ishke dash a'aw Betty gaawiin ogikenimaasiin inow Anishinaaben weweni. Ishke geget bishigwaadendaagozi a'aw Betty. Mii go gaa-izhi-wiinenimaad iniw Anishinaaben. Miinawaa

99

nebowa Melvin inow odinawemaaganan ogii-minwendaanaawaa
gii-minikwewaad. Mii go endasing gii-minikwewaad mii go booch
inow ikwewan gaa-na'aangabiitawaajin gii-pagamibiiwaad imaa
ziiginigewigamigong ani-aabiinzomigod a'aw Betty. Mii go gegapii
gaa-izhi-miigaanigod.

Gaawiin igo gonezh ogii-wiijibiimaasiin inow Anishinaaben
a'aw Betty, wenjida a'aw Melvinish. Mii go apane gii-minikwewaad,
gaawiin ogii-poonimigosiin inow Melvinooyan. Gii-kagaanzomigod,
"Daga wiipendidaa!" Wenda-zhiingitawaad a'aw Betty. Mii iw
gomaapii gaa-izhi-nakomaad, "Giga-wiipemin giishpin aabajitooyan
gegoo da-agwazhe'idizoyan biizikawaagaans, gaawiin niwii-
ayaanziin da-abinoojiinyikeyang."

Wayaa, mii go gii-chiiki'aa a'aw Melvinish endasing gaa-
wiipendiwaad, mii go gaa-izhi-wanendamookaazod a'aw
Melvinish gaa-izhi-wiindamawind da-izhichiged. Aaniish-naa
gii-inaakizige gaye wiin a'aw Betty. Mii go gegapii a'aw Betty gaa-
izhi-moonendang gigishkawaad inow oniijaanisensan. Mii sa naa
geget gii-kaagwiinawi-inendang a'aw Betty. "Aaniin danaa ge-
izhichgeyaan," gii-mawishid. Gaawiin igo eta go a'aw Melvinishan
ogii-anaamimaasiin gii-pagidinaad da-ni-izhichigenid
waa-toodaagod.

Mii iw gaa-inendang a'aw Betty, "Mii go gii-ayaamaan
waa-ayaamaan." A'aw Betty gii-kagiibaadizi wenjida onzaam
nebowa gii-minikwed. Odaana-waawaabamaan inow ininiwan
mesawaabamaajin miinawaa mesawaabamigojin ayaanooji'igojin
gaa-izhi-giiwe-wiijiiwaad. Gaawiin igo imaa gonezh ogii-ni-
ganoonigosiin apii dash gii-webimigod da-o-nibendiwaad. Apii
dash gii-moonendang gigishkawaad inow oniijaanisan, gaawiin igo
ogikenimaasiin gaa-oniijaanisikaagojin da-anishinaabewid. Ogii-
anaamimaan dash inow Melvinooyan, aaniish-naa moozhag
ogii-kiiwewinigoon.

Mii dash a'aw Betty gaa-inendang, "Gaawiin niwii-ayaawaasiin a'aw niniijaanis da-nitaawigid imaa nebowa imaa mayaanaadak i'iw minikwewin miinawaa anooj inigaamigooyaan onji chi-mookomaanikwewiyaan." Mii dash gaa-inendang Betty, "Indawaas igo inga-maajiinaa a'aw niniijaanis da-danakiiyaang besho ayaawaad Chi-mookomaan indinawemaaganag iwidi Gakaabikaang. Gaawiin oga-waabandanziin mayaanaadak. Biinish gaye ogii-wiinenimaan Anishinaaben gaa-na'aangabiitawaajin."

Ishke dash waabamaad endazhi-wiisininid inow Anishinaaben, gaawiin odaabajitoosiinaawaa gaasiidoone'on da-aabajitoonid da-wiisininid. Mii go iw onagwayan aabajitoowaad gii-kaasiidoone'owaad. Biinish gaye ingiw ikwewag ogii-ombinaanaawaa ogoodaasiwaa gii-kaasiidoone'owaad. Geget a'aw Betty omayagenimaan miinawaa gaye owiinenimaan Anishinaaben ezhichigenid. Eshkam nebowa ogii-ni-waabandaan ezhi-mayagichigenid inow Anishinaaben.

Ishke dash gii-paa-izhaad a'aw Betty endazhi-gabeshiwaad ingiw Anishinaabeg, ogii-wenda-mayagenimaan inow Anishinaaben, mii gakina imaa besho gizhaabikiziganing gii-atemagadinig inow onaagaansan endanoowaad zaasakokwaani-gookooshi-bimide, mii dash a'aw Betty inendang, "Aaniin danaa wenji-izhichigewaad i'iw akeyaa?" Gaa-izhi-gagwejimaad Melvinooyan, mii dash gaa-izhi-wiindamaagod, "Mii iw aabajitoowaad apaabowewaad ingiw Anishinaabeg jiibaakwewaad." Gaa-izhi-nakomigod inow Bettyan, "Gaawiin wiikaa niwaabandanziin ezhichiged bemaadizid i'iw akeyaa." Mii dash gaa-izhi-nakomigod inow Melvinooyan, mii eta go Melvin gii-ikidod, "Hanh." Mii dash gegaa gii-nishkimigod.

Mii dash a'aw Betty Gakaabikaang gaa-ni-izhaad mii dash iwidi gaa-ondaadiziiked gii-ayaawaad dash inow Tommyan. Mii dash iwidi niishtana daso-biboon gii-tanakiiwaad. Gomaapii igo a'aw gaa-izhi-moonendang gaawiin chi-mookomaaniwisiin. Gii-

anishinaabewi a'aw Tommy. Gaawiin igo omaamaayan a'aw Betty
ogii-wiindamaagosiin gii-anishinaabewinid inow odedeyan. Mii
dash ingoding gaa-izhi-gagwejimaad inow omaamaayan, "Awenen
danaa a'aw indede? Gaawiin wiikaa gidazhimaasiin." Aaniish-naa
inow omaamaayan odaana-wii-aangwaami-gaadoon Anishinaaben
gii-wiijiiwaad gii-wiipemaad gii-minikwed. Mii hay' gaawiin
ogii-poonimigosiin. Mii go aangwaamasidog Betty gaa-izhi-
inendang inigaa'aad, "Ingozis wiindamawaasiwag anishinaabewid.
Nisidawinaagwadini anishinaabewid." Mii dash imaa ingoding
gaa-izhi-nanaamadabid a'aw Betty weweni gii-ni-wiindamaagod a'aw
Tommy awenenan inow odedeyan biinish gaye gii-wiindamaagod
anishinaabewid. Gaawiin a'aw Tommy gii-aanawenindizosiin
anishinaabewid. Gaa-izhi-wiindamawaad inow omaamaayan,
"Niwii-o-mawadisaag ingiw Anishinaabeg indede miinawaa
indinawemaaganag."

Mii dash gaa-izhi-wiindamaagod aaniindi ge-mikawaad
inow odedeyan. Mii iwidi Neyaashiing endanakiiwaad. "Giwii-
wiindamoon nigoz, bakaan izhi-bimaadiziwag ingiw Anishinaabeg
apii dash i'iw akeyaa gaa-izhi-nitaawigi'igooyan." Geget gii-
minawaanigozi a'aw Tommy. "Mii sa naa bijiinag da-waabamag
a'aw indede." Ogii-manaazomigoon inow omaamaayan, gaawiin
ogii-wiindamaagosiin izhi-goopadenimaad inow
Anishinaaben.

Ishke dash a'aw Tommy odaabaanan ogii-ayaawaan. Giizhaa
gii-inendam apii iwidi waa-izhaad da-nandawaabamaad inow
odedeyan. Mii iw gaa-aabajitood iw mazinaabikiwebinigan
miinawaa gii-kawisidood imaa *Facebook*-ing gii-wiindamaaged
ezhinikaazonid inow odedeyan miinawaa gii-pi-waabamaad.
Mii dash a'aw Melvin aanind inow odinawemaaganan gaa-izhi-
nakwetaagod a'aw Tommy gii-wiindamaagod aaniindi endaanid
odedeyan. Mii dash iwidi gaa-ipizod a'aw Tommy.

Azhigwa iwidi bagamibizod odedeyan endaanid, gii-agoojinoog niizh ingiw waawaashkeshiwan, wengish wiin gaa-nishiwenigwen inow odedeyan. Mii gaye gii-kiikanaamodeni besho endaad. Mii gaye imaa gii-kiikanaamozwaad inow giigooyan gaa-tebibinaajin. Miinawaa naanan odayan odayaawaan. Gaa-izhi-akwaanda'waawaad inow Tommyan odoodaabaanan iniw odayan. Gii-onaajiwanini gaye endaad.

Azhigwa gaa-pooni'igod inow animoshan, a'aw Tommy gaa-izhi-naazikang endaanid inow odedeyan. Gii-paapaagaakwa'iged mii dash a'aw ikwezens gaa-izhi-baakaakonang i'iw ishkwaandem boozhoowi'igod miinawaa inow Melvinooyan odedeyan. Azhigwa gikenimaad inow odedeyan gii-sagininjiinaad miinawaa gii-kiishkigwenaad Tommyan miinawaa gii-wiindamawaad da-biindigenid. Mii go gaabige gii-siiginamaagod aniibiish miinawaa inow owiij'ayaawaaganan gaabige gii-pazigwiinid gii-kwaaba'amaagod ge-miijid. Mii dash imaa gii-nanaamadabid a'aw Tommy, gaawiin ogii-nisidawinanziin gaa-atamawind da-miijid wengish wiin i'iw mandaaminaaboo-naboob, waawaashkeshiwiwiiyaas gii-tagozigaadeg.

Gaawiin a'aw Tommy ogii-moonendanziin ezhi-mino-ashamind aaniish-naa iwidi Chi-mookomaan-akiing gii-pabaa-ayaad, gaawiin gii-inizekwesiiwag i'iw akeyaa. Mii go booch a'aw Tommy gaa-izhi-zhakamoonidizod i'iw naboob. Gii-wenda-datangishkigewaagaminini i'iw naboob Tommy gaa-inendang, "Aanawi go bakaan wii-ashamigooyaan gegoo." Booch igo ogii-minopidaan ojiibaakwaan. Mii inow odedeyan gaa-izhi-gagwejimigod, "Wiikaa ina gigiiwosaanaa a'aw waawaashkeshi?" Gaa-izhi-nakomigod inow Tommyan, "Mii imaa wawaanimiyan. Gaawiin ingiiwosesiimin imaa chi-oodenaang."

Mii dash inow odedeyan gaa-toodaagod a'aw Tommy. Anooj imaa gegoo gaa-izhi-gagwejimigod wii-kagwe-gikendaminid

inow odedeyan minik gekendang a'aw Tommy ezhi-bimaadizinid
Anishinaaben. Mii inow odedeyan gaa-izhi-moonenimigod a'aw
Tommy, "Geget bagwanawizi a'aw ingozis. Gaawiin ogikendanziin
Anishinaabe ezhichiged. Aaniish-naa geget gonezh gii-pabaa-
ayaa Gakaabikaang. Gaawiin dash inow Anishinaaben ogii-
nagadenimaasiin megwaa iwidi gii-ayaad." Mii dash iw gaa-igod
Melvinooyan, "Mii go minosemagak omaa noongom omaa bi-
dagoshimoonoyan na'idaa omaa niimi'idiwag ingiw Anishinaabeg
omaa agidaaki niimi'idiiwigamigong. Mii iwidi ge-izhiwininaan
waabandaman bezhig gaa-miinigoowizid a'aw Anishinaabe da-
inakamigizid. Akawe baabii'ishin inga-ozhiitaa."

Mii dash a'aw Tommy ogii-waabamaan inow odedeyan ziiginang
i'iw *Old Spice* imaa oninjiing zinigobidood odengwaang miinawaa
gaye oningwiing. Azhigwa gaa-kiizhiitaad, gaa-izhi-wiindamawaad,
"Ahaw ingoz. Ambe o-niimi'ididaa."

Mii go iwidi azhigwa biindigewaad niimi'idiiwigamig wenda-
biingeyendam a'aw Tommy. Mii go ezhi-mooshkinebiwaad
ingiw Anishinaabeg. Mii imaa inaabid imaa naawayi'ii
niimi'idiiwigamig ogii-waabamaan abinid inow dewe'iganan.
Wenda-onaajiwinaagoziwan manidoominensikaan agwa'igaazonid
giiwitaa-ayi'ii biinish gaye imaa agijayi'ii gaa-izhi-mino-
zhaazhoobii'igaazonid.

Mii go gaa-izhi-waabandang Anishinaabe ezhi-apiitenimaad
inow gimishoomisinaanin, mii inow odedeyan gaa-izhi-izhiwinigod
naazikawaawaad inow dewe'iganan asaawaad inow asemaan
imaa asemaa-makakoonsing. Mii dash iwidi bimi-ayaawaad inow
odedeyan gaa-izhi-nagadenimi'aad inow Anishinaaben eyaanijin
naazikamowaad iwidi waa-wawenabiwaad.

Mii imaa na'idaa gaye dagoshinowaad mii iw gii-ashangewaad
naami'idiikejig. Azhigwa gaa-ni-gaagiigidod a'aw akiwenzii
apagizondang i'iw wiisiniwin naa asemaa. Mii go waasa wenjiijig

biiwideg gii-wiindamawindwaa wiinitamawaa da-wiisiniwaad.
Mii dash a'aw Tommy miinawaa odedeyan gii-wiisiniwaad. Gii-
wenda-minwanjigewag. Azhigwa gaa-kiizhi-wiisining, mii dash gii-
maajitaawaad niimiwaad ingiw Anishinaabeg.

Azhigwa gaa-bazigwiiwaad, inow odedeyan gaa-izhi-igod,
"Gikinawaabandan epideg nizidan niimiyaan, ganawaabamishin
dash." Mii dash a'aw Tommy gaa-izhi-maajibagizod. Waataayaa
gaa-izhi-zegibagizod. Gaa-izhi-ganoonigod inow odedeyan, "Haaw,
weweni sa naa, ingoz. Weweni go niimin. Gego naanoojibagizoken."
Mii go imaa aabita-dibikak gii-niimiwaad, mii go gaa-izhi-
minwaabaawewaad abwezowaad gaa-izhi-zegibagizowaad.

Mii dash i'iw gaa-izhi-giiwewaad. Mii go nibaad Tommy
iwidi odedeyan endaanid. Dabwaa-nibaad mii imaa akawe gii-
kanoonaad inow omaamaayan Betty, gii-wiindamawaad weweni
imaa gii-odisaad inow odedeyan. Wenda-minwendam a'aw Betty
noondang weweni o'ow noongom a'aw Melvin ezhi-minosed
bimiwidood bimaadizid. Miinawaa gii-wiindamawaad gaa-izhi-
minawaanigozid iwidi niimi'iding gii-izhiwinigod odedeyan
miinawaa waawaashkeshiwiwiiyaas gii-ashamigod endaanid.

Mii dash imaa maa minik gii-mawadisidiwaad a'aw Tommy
miinawaa odedeyan. Megwaa imaa mawadisidiwaad gaa-izhi-
wiindamaagod inow odedeyan, "Gomaapii igo da-miinigoowiziyan
anishinaabewinikaazoyan, ingoz. Mii dash gaye waa-izhichigeyaan,
weweni go giga-gikinoo'amoon i'iw akeyaa gaa-izhi-miinigoowizid
a'aw Anishinaabe da-ni-bimiwidood obimaadiziwin. Azhigwa
a'aw Tommy gaa-kawishimod, geget ogii-minwendaan ezhi-mino-
doodaagod inow odedeyan biinish gaye da-gikinoo'amaagod gaa-
wanitood iwidi megwaa gii-pabaa-ayaad megwe-chi-mookomaan-
akiing. Mii go gaa-izhi-zhoomiingwenid megwaa nibaad. 🖐

20 Chi-mookomaanikwezensag Onagishkawaawaan Tommyan

Gaa-tibaajimod **LEE STAPLES**

Gaa-tibaajimotawaajin **CHATO GONZALEZ**

 Mii dash a'aw Tommy gii-mikawaad inow odedeyan, ginwenzh igo gii-nanaamadabiwag gii-gikinoo'amaagod odedeyan. Endaso-giizhik gii-mawadisidiwaad, mii imaa inow odedeyan anooj gii-gikinoo'amaagod. Ingoding dash imaa ogii-wiindamaagoon, "Daga akawe anwebitoodaa gikinoo'amoonaan endaso-giizhik. Ingoji go imaa gidaa-babaa-izhaa babaa-izhichigeyan wenda-minawaanigoshkaagoyan." Mii dash gaa-izhi-inendang a'aw Tommy, wii-pabaa-izhaad iwidi Gakaabikaang ezhiwiinjigaadeg. "Daga naa akawe inga-ni-noogitaa iwidi *Little Earth* ezhiwiinjigaadeg." Anishinaabeg imaa endanakiiwaad, mii imaa ishkoniganing dibishkoo megwe-chi-mookomaani-oodenaang.

Azhigwa gaa-piindigebizod a'aw Tommy imaa *Little Earth*, ogii-waabamaan niizh inow chi-mookomaani-oshkiniigikwen naaniibawinid imaa endazhi-biindigebizong. Mii dash gaa-izhi-moonenimaad inow chi-mookomaanikwezensan, gii-kagiibaadiziinsiwiwan igo. Mii iko imaa endazhimind awiya, ani-manezid biimiskwa'igaans owiinindibing. Mii imaa gaa-inendaagozinid chi-mookomaanikwezensan. Azhigwa imaa gaa-kabaad imaa odoodaabaaning a'aw Tommy, gaa-izhi-biijibatoonid inow chi-mookomaanikwezensan naazikaagod, mii naakonaa ingoji gii-tookibinigod gii-chiisibinigod gaye. Mii dash gaa-izhi-gagwejimigod, "Gidanishinaabew ina? Nimisawenimaanaan

wii-nagadenimangid a'aw Anishinaabe. Gaawiin wiikaa
ishkweyaang nibi-nagishkawaasiwaanaanig Anishinaabeg wenjida
ingiw anishinaabewininiwag. Daga wiindamawishinaam ezhi-
bimiwidooyan gibimaadiziwin," odigoon.

Wenda-jiikizi a'aw Tommy, anooj gii-inaajimotawaad
miinawaa gii-kiiwanimotawaad. Mii go gaa-izhi-gikenimaad ezhi-
gagiibaadizinid inow ikwezensan. Booch igo oga-debwetaagoon
aaniin igo ge-izhi-giiwanimotawaad. Akawe go omaa weweni
go ogii-gikinawaabamaan inow chi-mookomaanikwezensan
gaa-izhi-waabandamowaad mamiishiningwiinid miinawaa
gaye gii-mamiishigaadenid. Mii inow gaye inow makizinan
gaa-piizikamowaajin inow zhimaaganishiiwi-makizinan ogii-
piizikaanaawaan. Mii go imaa ogidigwaawaang ekwaanig iniw
makizinan gaa-piizikamowaajin.

Mii iw enaad inow chi-mookomaanikwezensan, "Mii iwidi
giiwedinong endanakiiyaan niin iwidi megwayaak iwidi bagwaj
bibizhaagiiyaan niin. Niboozik-anishinaabew gosha. Nibi-
mawidisaag aanind indinawemaaganag omaa endanakiijig omaa
Little Earth. Ishke wiinawaa waakaa'iganing ayaawaad omaa.
Gaawiin niin iwidi waakaa'iganing indayaasiin. Mii imaa niin
imaa wiigiwaaming iwidi ayaayaan. Mii imaa jiigi-zaaga'igan
niwiigiwaam etemagak. Ishke imaa ani-gizhebaawiiyaan
dapaabiyaan imaa wiigiwaaming, niwaabamaag anooj ingiw
awesiinyag naa bineshiinyag baabii'owaad da-zaageweyaan. Azhigwa
imaa gaa-saageweyaan imaa niwiigiwaaming, izhi-booniiwaad
ingiw bineshiinyag imaa indinimaanganaang chi-gigizhebaa-
nagamotawiwaad miinawaa iko imaa gaye babaa-ayaad a'aw makwa.
Mii gaye wiin bi-naazikawid gigizhebaa-giishkigwenid."

Mii imaa aaniin aapidek gaa-izhiingweniwaad iniw
chi-mookomaanikwezensan bizindaagod. Mii go gaa-izhi-
baakaakodooneshinowaad miinawaa waawaabikijaabiwaad imaa

ezhi-biingeyenimigod iniw chi-mookomaanikwezensan ezhi-
minotaagod enaajimotawaad.

"Ingoding giga-izhiwinininim iwidi endanakiiyaan." Mii go
gaa-tanwewetoowaad nakomigod. "Akawe sa wiin igo noongom
nimisawendaan wii-wiisiniyaan. Geget nibakade. Daga izhiwizhishig
ingoji da-o-wiisiniyaan. Gaawiin igo ingikendanziin o'ow oodena.
Gaawiin igo wiikaa omaa indizhaasiin wiisiniiwigamigong endazhi-
wiisinid a'aw bemaadizid." Wayaa wenda-aanoodiziwag ingiw
chi-mookomaanikwezensag da-ashamigod. Mii imaa gaabige
ani-booziwaad odoodaabaaning a'aw Tommy. Hay', mii gaawiin
ingoji ogii-mikanziinaawaa da-wawenabiwaad odoodaabaaning
ezhi-niiskitaawaned a'aw. Mii imaa akawe gii-mazhiiniged da-
wawenabiwaad ingiw ikwezensag. Mii go a'aw Tommy gaawiin ogii-
wiindamawaasiin iwidi waa-izhaawaad, mii imaa ezhidaabii'iwed
ayaamagadinig *Best Steak House* ezhiwiinjigaadeg.

Ogagwejimigoon inow ikwezensan, "Wegonen mesawendaman
da-miijiyamban?" Mii gaa-izhi-nakwetawaad, "Mii eta go wiiyaas
enanjigeyaan niin. Mii eta gaa-inanjigeyaan bagwaj endanakiiyaan."
Mii iw azhigwa gaa-piindigewaad, mii imaa gii-kagwejimind
a'aw Tommy, wegonen waa-miijid. Ezhi-nakwetang, "Mii iw waa-
inanjigeyaan iko niitawis Chi-Migizi wenda-minwendang *Porter
House Steak* ezhiwiinjigaadeg. Maamawi-michaamagak niwii-miijin."
Mii iw wiinawaa ingiw ikwezensag agaawaa igo gaa-izhi-wiisiniwaad.
Mii go gaawiin oboonaabamigosiin a'aw Tommy misawaabamigod
inow ikwezensan. Miinawaa azhigwa gii-tiba'igeng, mii go imaa
gaabige mamoowaad wezhibii'igaadenig minik ezhisewaad imaa
wiisiniwaad, gii-tiba'amowaad dash wiinawaa.

Wayaa geget gii-minopijige a'aw Tommy. Mii imaa
nanaamadabid ishkwaa-wiisinid gii-sheshegwaabide'odizod. Mii
dash enendang, "Shaa go naa gii-segaajimoyaan mii imaa gii-
kashki'odamaadizoyaan wenji-minwanjigeyaan." Azhigwa gaa-
kiizhi-wiisiniwaad, mii imaa gii-wiindamawaad, wii-pi-naanaad

ingoding da-bi-wiij'ayaawigod iwidi wiigiwaaming eyaang iwidi
giiwedinong. Ogii-nakwetaagoon dash aanoodiziwaad geget wii-
izhaanid iwidi endanakiid.

Mii dash gaa-izhi-gagwejimaad inow ikwezensan, "Daga baa-
izhiwizhishig da-baa-inaabiyaan omaa chi-oodenaang." Mii dash iw
gaa-izhi-nakomigod, mii gaa-ikidowaad, "Giga-izhiwinigoo iwidi iko
okwii'idiwaad ingiw Anishinaabeg." Mii dash imaa ziiginigewigamig
imaa *Franklin Ave* gaa-izhiwinigod. Mii go izhi-mooshkinebiiwaad
ingiw Anishinaabeg imaa endazhi-minikwejig.

Azhigwa imaa biindigewaad imaa ziiginigewigamig, mii
go gaa-izhi-gikendaagwadinig moozhag imaa gii-pi-izhaawaad
ingiw ikwezensag. Owenda-gikenimigowaan enokiijig imaa
ziiginigewigamigong. Mii go imaa apane gaa-izhaawaagwen gii-paa-
naanooji'aawaad inow anishinaabewininiwan. Aaniish-naa mii iw
akeyaa gaa-izhi-misawendamowaad wii-wiijiiwaawaad.

Azhigwa imaa gaa-wawenabiwaad nawaj igo chi-aya'aansiwiwan
inow anishinaabekwen gaa-pi-naazikaagowaad, gaa-izhi-
gagwejimigowaad, "Wegonen waa-minikweyeg?" Mii imaa
bebezhig gaa-izhi-wiindamawaawaad inow ziiginigewikwewan
waa-minikwewaad miinawaa a'aw anishinaabekwe gaa-izhi-
nandodamaaged gaye wiin waa-minikwed. Azhigwa gaa-piijigaadeg
iw waa-minikwewaad, weniban a'aw anishinaabekwe da-diba'ang.
Wiin dash gaa-kagwejimaad, "Wegonen waa-minikwewaad."
Dibishkoo go wiin owii-tiba'aan. Wengish wiin nendawaabandang
a'aw ikwe anishaa da-mina'ind.

Megwaa dash minikwewaad ingiw ikwezensag gaa-izhi-
nandomaawaad anishinaabewininiwan da-bi-wiijibiimigowaad.
Megwaa dash ayaawaad ingiw anishinaabewininiwag, gaa-izhi-
wiindamaagowaad gaa-izhi-inaajimotaagowaad inow Tommyan.
A'aw Tommy odaana-dookinaan inow chi-mookomaanikwezensan
da-bizaan-ayaanid. Hay', mii gaawiin oboonimigosiin dazhimigod
mamiikwaanigod.

Azhigwa imaa maa minik gaa-ni-dazhimigod a'aw Tommy,
gaa-izhi-gagwejimigod bezhig inow anishinaabewininiwan, "Geget
ina debwewag ingiw ikwezensag enaajimowaad dazhimikwaa niijii?"
Hay', mii imaa gii-paataandizod a'aw Tommy. "Enya'!" odinaan
gagwejimigod. Gaa-izhi-nakwetaagod inow anishinaabewininiwan,
"Gaawiin sanaa ganabaj ginitaa-miigaazosiin." Mii dash gaa-
izhi-giiwashkweganaamigod a'aw Tommy. Azhigwa dash gaa-
pagidaganaamind imaa michisagong gaa-izhi-datangishkaagod iniw
anishinaabewininiwan.

Hay', mii imaa gii-saagidaabaanind imaa ziiginigewigamigong
a'aw Tommy. Mii dash bezhig a'aw ikwezens gaa-izhi-giiwewinigod.
Gii-inaakizige a'aw Tommy. Azhigwa gigizhebaawagadinig gaa-izhi-
goshkozid a'aw Tommy, aana-wii-kiiwe ezhi-agaji'ind. Hay', mii go
gaa-izhi-mitaakwazhebinaawindwen odaana-wii-nandawaabandaan
obiizikiiginan. Mii imaa gii-moonendang gaa-izhi-baataandizod
gii-chi-giiwanimod. Geget ogii-moozhitoon ezhi-gaagiidizid
azhigwa imaa mamaajiid ani-biizikang odaya'iimaanan. Mii dash
gaa-inendang a'aw Tommy, "Indawaas igo inga-giiwebiz." Geget
gii-agaji'idizo gaa-izhiwebizid imaa onji gii-kiiwanimotawaad inow
chi-mookomaanikwezensan.

Azhigwa gaa-tagoshing imaa endaanid odedeyan, mii go gaa-izhi-
waabandamaagod iw akeyaa gaa-inaganaamind, mii dash imaa gii-
kagwejimigod, "Aaniin danaa nigoz gaa-toodaagooyan?" Mii go gaa-
inendang a'aw Tommy, "Gaawiin niwii-kiiwanimotawaasiin indede."

Mii dash inow odedeyan gaa-izhi-wiindamaagod, "Mii go gegoo
imaa gigikinoo'amaagoowiz imaa gaa-izhiwebiziyan. Gaawiin
igo anishaa izhiwebizisiin awiya, wenjida maazhised. Gigii-
gikinoo'amaagoog ingiw manidoog gegoo. Mii gigiiwanimowin
gaa-onji-izhiwebiziyan gii-miigaanigooyan. Mii imaa gii-
wiindamaagoowiziyan, gego da-baapinenimaasiwad giwiiji-
bimaadiziim. Mii iw ge-ni-mikwendaman giniigaaniiming nigoz."

Ishkwaabii'igan

Ginwenzh ogii-kagwaadagi'igoon Anishinaabe Chimookomaanan.
Eshkam agaasiinowag netaa-ojibwemojig miziwekamig. Gegoo dash
noomaya izhiwebad owidi Misi-zaaga'iganiing. Mii eta go ayaawaad
niishtana ingoji go netaa-anishinaabemojig omaa. Geget dash
gichi-anokiiwag ji-maada'oowaad awegodogwen gekendamowaad
yo'ow Anishinaabemowin. Owii-atoonaawaan odibaajimowiniwaan
mazina'iganing ji-aginjigaadenig oniigaaniimiwaang
odaanikoobijiganiwaan. Ginwenzh gii-maawanji'idiwag ongow
gichi-anishinaabeg Misi-zaaga'iganiing gaa-tazhiikamowaad
yo'ow mazina'igan. Aanind ogii-tibaadodaanaawaa gegoo gaa-
izhiwebak. Aanind igo gaye ogii-michi-giizhitoonaawaan oshki-
dibaajimowinan. Niibowa gegoo gikinoo'amaadiwinan atewan omaa
miinawaa niibowa dibaajimowinan ji-baaping. Omisawendaanaawaa
ji-minwendaman agindaman gaa-wiindamaagewaapan.

Gaawiin ayaasiin awiya debendang gidinwewininaan. Gaawiin
ganage awiya odibendanziinan anishinaabe-gikinoo'amaadiwinan
wiineta go. Gakina gegoo gimaamawi-dibendaamin. Ezhi-
maada'oowaad onow dibaajimowinan ongow gichi-aya'aag,
izhichigewag onjida ji-ni-bimaadiziiwinagak gidinwewininaan.
Ogii-ozhibii'aanaawaa "copyright" naagaanibii'igaadeg omaa
mazina'iganing ji-gikendaagwak awegwen gaa-tibaajimod. Gaawiin
dash onji-izhichigesiiwag ji-gina'amawaawaad awiya niigaan ji-
aadizookenid gemaa ji-ni-dibaajimonid gaye wiin.

Ozhibii'igaadewan owiinzowiniwaan gakina nayaadamaagejig

113

endaso-dibaajimong, meshkwad dash wiin John Nichols. Mii wiin gaa-agindang miinawaa gaa-izhi-gwayakisidood aanind ikidowinan omaa.

Ishpenimowag ongow gichi-aya'aag ji-maada'oowaad odinwewiniwaan. Odapiitenimaawaan gakina anishinaaben wii-nanda-gikendaminid niigaan. Odebweyenimaawaan geget. Mii iw.